結局、女はキレイが勝ち。

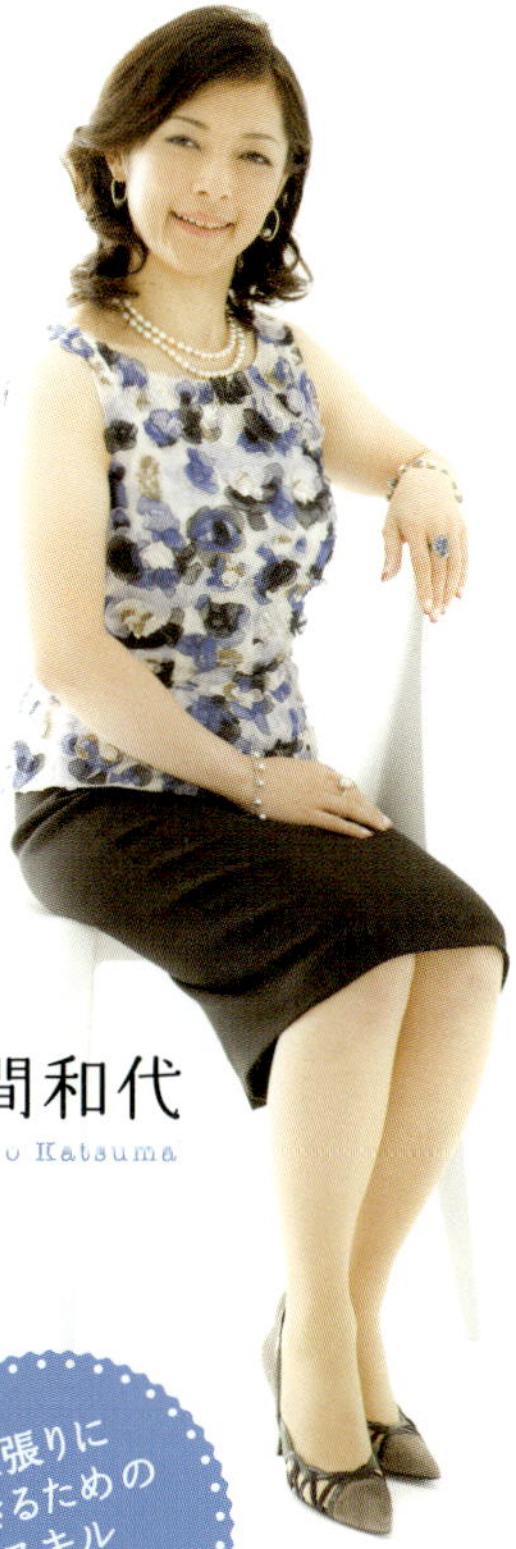

勝間和代

Kazuyo Katsuma

欲張りに
生きるための
スキル
63

年収は10倍アップ、
体重は10kgダウンってどうかしら？

09年2月26日、アンアン取材。撮影に用意された服は体型カバー効果の高いふんわりシルエット。勝間さん、胸に期すものあり。

09年5月31日、打ち合わせ。専属スタイリストを雇ったことを聞く。そして、「次の本だけど、年収10倍アップ、体重は10kgダウンというのはどうかしら？」と驚愕の提案が。

09年6月29日、口絵撮影。ダイエットの決意を内外に示すため、本日はあえて体の線が出るようなスタイリング。『ザ・トレーシー・メソッド』のDVDも渡し、勝間さんと女性スタッフ皆で体重減を誓った。

09年8月10日、アンアン取材。ウエスト周りがすっきりしてきた勝間さん、対してともに誓いを立てたはずの女性スタッフはだれ一人痩せておらず。勝間さんの、鉄の意志を思い知る。

ところが、この後、勝間さんは海外長期出張取材が立て続けに入り、食生活のコントロールができない状況に。

そして、ダイエット宣言から半年後、09年11月16日、カバー撮影の日。

ダイエットはまだ途中ですが、
もちろんこれからも、続けていきます。
キレイになる努力は、
費用対効果が高いですから。

結局、女はキレイが勝ち。

欲張りに生きるためのスキル63

勝間和代
Kazuyo Katsuma

結局、女はキレイが勝ち。

目次

はじめに

まず最初に、本書のタイトルにある「キレイ」の定義からお話しておきましょう。

ここで言う「キレイ」の定義は、外見だけでなく、内面もキレイであることを指します。

さらに言うと、外見の「キレイ」な人というのは、顔立ちとかではなく、お化粧やヘアスタイルやファッションにちょっと気を使い、笑顔を忘れない人のことです。

だから生まれつきの顔立ちが美人かどうかなんてことはまったく関係ありません。

それよりも日頃からキレイであることを大切にしているかのほうが重要なのです。

なぜならキレイは、相手をより気持ちよくして、自分の能力と相手の能力を最大限に引き出すための大事なコミュニケーションだからです。キレイであることは、互いの関係性をよくして、お互いの能力の一番よいところを引き出し合うために必要なものなのですね。


そして、「キレイが勝ち」の勝ちは、過去の自分に勝つという意味です。

それまで無意識にキレイになることを否定していたり、「キレイになるなんて私には無理だし関係ないわ」と〝酸っぱいブドウ〟扱いして、見ない振りをしてきた自分を変えましょうというメッセージを込めています。過去の自分にサヨナラをしてキレイな自分になっていくと、とても幸せな暮らしや人生がやってくるからです。

そうなのです。キレイになって過去の自分に勝つと、とどのつまり「幸せ」をしっかりつかむことができます。

つまり、キレイになることの最大にして、究極の目的は、自分の人生を幸せにしていくことにあるのです。

外見をキレイにして、内面を高めていけば、仕事も、恋愛や結婚も、お金でも幸せになっていくことができます。なぜ、そうなるのか。仕組みはカンタンです。

キレイになると、次のようないいことが起こります。

いいこと1　**みんなが親切になり大事にしてくれる**

いいこと2　**人の善意を引き出し、自分もまた親切になれる**

いいこと3　**キレイの努力をすると、他のことに努力できるようになる**

いいこと1　みんなが親切になり大事にしてくれる

これは理屈でなく、人間はそういうものと思うしかないのですが、キレイな人とそうではない人がいたとき、人はやはりキレイな人のほうを好みます。男も女も関係なく、キレイな人には好感をもち、親切にしてくれるし、大事にしてくれるのです。

このことは私自身、身をもって実感しました。私は30歳を少し過ぎるぐらいまで、「他の人の足を引っ張らない程度に小ぎれいにしておけばいいや」としか考えていませんでした。大切なのは中身を鍛えることで、見てくれは人に不快を与えないレベルでいいと考えてきたのです。

でも、いろいろな人の話を聴いたり、いろいろな情報を知ったりするなかで、キレイでいることの大事さが理解できるようになり、お化粧やネイルや洋服に気を配ったり、ダイエットをして自分の体型に気を使ったりするようになりました。

そうすると周りの反応がやっぱり違ってきたのです。キレイでいることを大事にし始めたら、いろいろな人が話に耳を傾けてくれるようになり、仕事がとてもやりやすくなりました。とくに頑固バリバリな男の人が話を聴いてくれるようになったのは、私にとって大きな収穫です。あらためて、キレイでないと男の人は女の話を聴かないんだなあということも実感させられました。

いいこと2　人の善意を引き出し、自分もまた親切になれる

私の友人に、東大卒で、学生時代はアメフトをやっていた文武両道のイケメン君がいます。彼の恋人を選ぶ基準はずばり「かわいい子」。その理由を尋ねたら、返ってきた答えが「性格がいいから」でした。

たしかにこれは的を射た考え方だなと思います。残念ながら、容姿をあまり構わないでいると、心もだんだんひねくれていきやすくなります。自信がもてないため卑屈になったり、妬《ねた》みやひがみが出てきたりしてしまいます。

反対にキレイでいると、みんなが大事にしてくれて、周りの人が優しく見えるので、自分自身も周りに親切になれます。またキレイは人の善意を引き出してくれるので、その善意に触れることで自分も周りの人を大事にしようと思います。そうしたことが

積み重なっていけば、自分の中の妬みや嫉《そね》みも減っていくし、結果的には「見た目も心もキレイで性格のかわいい人」になっていくのです。

そして、ここがポイントなのですが、見た目も心もキレイでかわいい人になっていくことで、周りの人がますます大事にしてくれるようになり、自分がさらにキレイでかわいい人に磨かれていくというプラスの循環が生まれるのです。

いいこと3　キレイの努力をすると、他のことに努力できるようになる

キレイは努力の関数です。キレイになるには、割り箸をはさんで笑顔の練習をしたり、表情筋を鍛えるために、傍から見るとヘンな顔にしか見えないマッサージを続けたり、ばかばかしいことを地道にきちんと続ける努力が必要だったりします。

そうしたばかばかしい努力ができれば、他のことに努力できる可能性も高くなりますよね。つまり嫌なことがあっても逃げ出したり、投げ出したりしないで努力するクセがつけられるようになるのです。

こうしたいいことが重なって、その結果、幸運を呼び込むことにつながるというのがキレイ＝幸せな人生の仕組みです。仕事で助けてもらえたり、後押ししてもらえる、ステキないいパートナーを紹介してもらえたり、出会うことができる、お金に関しても賢くコツコツ貯めることができるようになり、経済的に自立した暮らしもできるようになっていくなど、いろいろな面で幸せになっていけるわけです。

そしてもうひとつ、お話ししておきたいことがあります。

私は最近、いろいろなところで35歳まで独身でいることのリスクを訴えています。なぜ35歳かというと、女性にとってはとくに結婚と妊娠・出産の面で大きな節目となる年齢だと考えているからです。

医学の発達で高齢出産は可能になりましたが、残念ながら35歳を境に自然妊娠できる確率は減っていきます。20代と比べると半分以下になってしまい、胎児が病気になるリスクも上がります。

また、私の周りには、30歳までキャリアを積み、その後30を過ぎて結婚して子どもを望んだものの、なかなか授からず、35歳前後で体への負担が大きくお金もかかる不妊治療を始めた人がいっぱいいます。35歳近くまで独身でいると、やっぱりこのような生殖に関するリスクは増えてしまうのです。

結婚を考えても、30歳を過ぎてからの結婚は20代と比べ、むずかしい面が出てきます。パートナーと過ごすにしても、恋愛というパートタイムと、結婚というフルタイムでは全然勝手が違います。結婚は価値観も生き方も異なる他人同士が暮らすことですから、互いに歩調をいかに合わすかが必要です。

その場合も、ある程度「自分」というものができあがってしまった者同士が、互いに価値観を合わせて歩調をそろえていくのは意外と大変です。パートなら逃げ出すこともできますが、フルタイムだとガチンコでやるしかありません。

そもそも、それ以前に35歳で結婚相手を探すとなると、ヘンな相手をつかんでしまうリスクもあります。

そうしたこうしたで、私は結婚や出産を考えるのであれば20代のうちに手を打っておくほうがいいと考えています。そのためにもキレイであることは、とっても大事だと思っているのです。

「キレイ」とはどういうことか、どう考えるかについては、ミス・ユニバース・ジャパンのナショナルディレクターで、知花くららさんや森理世さんを育てたことでも有名なイネス・リグロンさんの著書『世界一の美女の創りかた』（マガジンハウス刊）に、参考になることがいっぱい書かれています。

またキレイになるために具体的にどう行動すればよいのかは、拙著『インディペンデントな生き方　実践ガイド』（ディスカヴァー・トゥエンティワン刊）、『起きていることはすべて正しい』（ダイヤモンド社刊）で詳しく解説しています。この3冊も合わせて読んでいただくと、早く、そして確実にキレイになっていけると思います。

外見を磨いて、同時に中身も磨いて、バランスよく内も外もキレイになっていくと自分も楽しいし、毎日も幸せです。その「キレイ」も、あくまで当人比でいいのです。「以前の私と比べてキレイになった」で十分！　それを目指して、ひとりでも多くの女子がキレイになり、幸せになってくださることを心から願っています。

二〇〇九年十二月　　勝間和代

キレイのために知っておきたい12のルール

キレイになるために知っておきたい具体的な知恵や技術にいく前に、まずは基本ルールからです。この12の基本ルールは、みなさんが外見と内面のキレイを手にして、幸せな人生を送るために、ぜひとも原則として知っておいてほしいことです。基本ルールというOSがあるから具体的な知恵や技術というアプリケーションが動くと理解してもらってもいいでしょう。

これらの12の基本ルールを理解して日頃から心がけていくだけで、大げさに言うと幸せな人生の半分は手にしたようなものかもしれません。それぐらい効果があるルールです。

12の基本ルールとは、次のようなものです。

原則1　「キレイは得」を覚えておこう

原則2　幸せの定義を決めよう

原則3　いい男をパートナーにしよう

原則4　ゼロかイチかで物事を考えない

原則5　メディアの情報は鵜《う》呑《の》みにしない

原則6　批判をしない、不平を言わない

原則7　0・2%ずつ物事を改善していこう

原則8　行動を惜しむべからず

原則9　消費と投資の区別をつけよう

原則10　プロセス管理とデータ化を大切に

原則11　健康的な生活を大事にしよう

原則12　運は待つより捕まえよ

では早速、12の原則それぞれについて解説していきましょう。

原則1 ⚜ 「キレイは得」を覚えておこう

仕事にしても、人との関係にしても何にしても、女性が評価を上げるために最もいい方法がキレイになることです。

キレイになるといっても、100人のうちの上から5番目以内になれというわけではなく、30番目くらいの中の上レベルでいいのです。「もって生まれた顔立ちは変えられないからムリ」と不満を感じる人もいるかもしれませんが、女性にはメイクやヘアスタイルやファッションという武器がありますよね。

今までと少しメイクを変えたり、ヘアスタイルを変えたり、服を変えたりすることで、中の上レベルのキレイを手にすることはむずかしいことではありません。顔立ちでどうしても気になるところがあればプチ整形したっていいと思います。

私の友人のこんな名言があります。「服装と髪型に気を使っていれば、どんな女子もブスに見えない」。そうなのです。女性であれば誰でも意識と努力次第で、いくらでもキレイになることができます。外見に関しては、技術とテクニックを身につければ80％は確実にキレイ度を上げていくことができます。

もちろん、ちょっとがんばって外見をキレイにすると同時に、立ち居振る舞いや内面の美しさも高めて、内も外もキレイでいられるよう努力することも大事です。

雑誌にしても、記事の質が高くて、表紙の演出もかっこいい雑誌は売れますよね。みなさんも表紙にあたる外見を磨いて、記事ページにあたる内面の質を高くしていけば、〝売れる女子〟になることができるのです。

実際うれしいことに、手間隙《ひま》を惜しまず内外ともに自分の美のレベルアップに投資をしていくと、確実にリターンが得られます。

たとえば男性女性関係なく、周りからの受けがよくなり大事にされます。

周りからの支持率が上がり、親切にされることが増えます。

こちらが何かお願いしたとき、相手が無意識に優先順位を上げてくれたり、無意識に気持ちよく教えてくれたりすることが増えます。

その分、失敗やピンチに遭遇する率も下がります。

男性の場合は超キレイでも仕事がダメだと評価は上がりませんが、女性はキレイになるだけで評価が変わっていくのです。しかも周りから親切にされることで、自分も周りに優しくなり、心がキレイになって、ますます周りから親切に大事にされるという複利でリターンが増えていきます。だからキレイになることを怠らないほうがいいのです。

女子はキレイなほうが間違いなく得をします。このことをしっかり心に刻んでおきましょう。

原則2 幸せの定義を決めよう

幸せな仕事、幸せな結婚、幸せな暮らし、幸せな老後、こうしたものを手にするには、ただ漠然と「幸せになりたい」と言っているだけではダメです。キレイになったらその先、自分はどんなところで、どのように生きていきたいかについて少しずつでいいから考えて、幸せになるための最終ゴールをぜひ早いうちに決めておきましょう。

ひと口に「幸せ」と言っても、定義は人それぞれです。出世することが幸せな人もいるでしょうし、自分のやりたい仕事ができることが幸せな人もいます。結婚して家庭に入り家族のために尽くすことが幸せという人もいるでしょう。

たとえば私の場合は、精神的・経済的自立が幸せの定義です。人に頼らずとも自分の力で十分経済的に自立できること、そして精神的には、頼ろうと思ったら人に頼れること、自分の言動に対して自分で責任をもてることが重要だと考えています。

幸せの定義は十人十色ですから、他人の幸せの定義を取り込んでも本当に幸せにはなれません。自分の価値観を明確にして、何が幸せなのかという定義づけを自分なりにしておかないと、他人をうらやましがってばかりになってしまいます。自分がどういうところに幸せの価値を置いていて、最終的に何をすれば幸せなのかを決めておかないと、すべてがないものねだりになってしまいます。

また自分の幸せの形を早くから決めておかなければ、人生プランも立たないのです。女性からよく聞くのは、30歳ぐらいまでバリバリ働いてから子どもをひとり産んで、35歳ぐらいまでは子育てをし、37歳ぐらいから仕事に復帰するといったプランですが、これを実現させるには22歳頃から準備が必要になります。

それでなくとも、いったん家庭に入った女性の再就職は厳しいというのがそもそもの現実なのですから、何となく「そうしたい」と考えているだけでは、プランはプランのままで終わってしまいます。

少なくとも22歳の段階で自分にとって幸せな人生の青写真を描いておき、30前後の出産・育児に向けて25歳ぐらいから婚活をスタートさせ、結婚→出産への計画と準備を進めておく。37歳から仕事に復帰したいのであれば、32歳頃から、いつでも復帰できるくらいのスキルを身につける努力をする。これぐらい前倒しで準備していかないといけないのです。

仕事で幸せになるにしても、家庭に入って幸せになるにしても、自分の望んでいる人生にしていきたいなら、3～5年前倒しで準備と活動を進めていくぐらいでちょうどいいのです。

そのためにも自分は何が幸せかを考えながら、日々活動していくことが大事な鍵になります。他人に人生を制御される前に軸を決めてしまい、その軸に合わせて行動していけば、ぶれることなく自分の掲げた幸せの最終ゴールまで行くことができます。

原則3　いい男をパートナーにしよう

若いうちに、どういう男と付き合うかはキレイのレベルアップにも関係してきます。まず、ステキないい男の人と付き合うと、恋の力で女性はどんどんキレイになっていきます。反対に自分を苦しめるようなダメ男と付き合ってしまったが最後、精神的消耗から若さも美しさもなくなっていきます。

だから、付き合うなら絶対にいい男を見つけるべきなのです。私が勧める理想的な男性は、自分の生き方をサポートしてくれて、本人も自立している男の人です。正直「どこにいるの、そんな人?」かもしれませんね。でも探せばどこかに必ずいます。

以前、主夫に関して情報を集めていたとき、わかったことは「主夫をしている男性は総じてかっこいい人が多い」ということでした。見てくれもいいのですが、そもそも主夫ができるということは、自分に自信があるということです。だから主夫も平気なわけです。

彼らは自信があるがゆえ、女性に対して、自分のコンプレックスから「男の沽券《こけん》」みたいなものを振りかざす必要がなく、中身もよくできた人が少なくありませんでした。要は外見も中身も質のいい男というわけです。

こうした男の人も実際に存在します。ですから、いい男探しは決して不可能ではありません。

いい男をつかまえておけば、いいことがいっぱいあります。

職場で悩みごとやクヨクヨしたくなることがあっても、週に数回大好きな恋人と会えれば、そんなクヨクヨはどこかに飛んでいってしまいます。小さなことなんかどうでもよくなって、「自分で改善できることはやろう、それ以外は仕方ない」と割り切れるようになります。心の拠《よ》りどころができるから、自分の心が安らいで穏やかないい顔になるし、加えて仕事にもいい影響が出てくるのです。

さらに、いい男の人と結婚すれば、その後の生活も人生も幸せなままいける確率が高くなりますよね。精神的に安定することで、長生きもできます。

ですから年齢ではじかれるハンディのない20代のうちに、真剣にいい男を探しておいたほうがいいのです。できるなら無償で自分もサポートし、相手からもサポートされてというお互い様の関係がつくれる男性であればベストです。

男性選びを1回、2回失敗したってどうってことはありません。そうやって失敗を繰り返すことで学習能力もついて、男の人を見る目も培われていくはずです。むしろ

「これは失敗」と思ったら、どんどん見切りをつけていくぐらいのほうがいいと思います。それができるのも若さの特権なのですから。

原則4 ゼロかイチかで物事を考えない

人は自分に関することとなると、どうしても「いいこと・悪いこと」「好きなこと・嫌なこと」「好きな人・嫌いな人」のように両極端で考えてしまいがちです。こうした「是か非か」のように考えることを、ゼロイチ思考と言います。

たとえばみなさんも、「転職すべきか、残るべきか」とか「結婚すべきか、しないべきか」とゼロイチで考えてしまうことがありませんか？ それで結局答えが出ないまま、現状はズルズル……ということがないでしょうか？

ゼロイチで考えることのデメリットは、物事を柔軟に捉え、柔軟に対応していくことができにくくなる点です。ちょっとした障害に対しても大きく思い煩《わずら》ってしまったり、「こうすべき」と頑《かたく》なに思い込んで突っ走ってしまい、かえって悪い結果になってしまったりということが起こり得るのです。

でも、実際にはゼロイチではない中間的な解はたくさんあります。

「転職すべきか、残るべきか」なら在職しながら転職活動を行う方法もありますし、「結婚すべきか、しないべきか」なら、結婚の形をとらないで同棲して一緒に暮らすでもいいですよね。

「能力さえあれば見た目は関係ない」も「見た目さえよければそれでいい」も、ゼロイチ思考です。

能力一辺倒で容姿が冴えないのでは、仕事はできても、周りからの好感度という面で評価が低くなり、人から大事にされる度合いが少なくなってしまいます。コミュニケーションの面でモッタイナイが出てきてしまうのです。反対に、お金と努力で外見をいくら磨いても、それだけに偏ってしまえば年を取ったときがつらくなります。

食事と同じで、片方に寄った偏食はバランスが崩れてしまいます。野菜も肉もバランスよく食べたほうがいいように、見た目と能力もバランスよくレベルアップさせていくほうがいいのです。

もちろん、ときにはゼロイチで考えることが必要な場面もあります。でも物事は、必ずしも両極端で考える必要はなく、中間的な解も意外とあるのだということは理解しておきましょう。

ゼロイチ思考から抜け出せないと心が常に疲れてしまい、見た目にも影響します。メイクでがんばっても心の疲労は顔に表れてしまうので、キレイ度も下がってしまいます。

もしゼロイチで考えるクセがついているなら、意識して自分を客観視するようにしていくといいと思います。自分を客観的に俯瞰《ふかん》で見つめられるようになると視野が広がりますから、ゼロイチで考えることも少なくなっていきます。

原則5　メディアの情報は鵜呑みにしない

内面のキレイを実践していくために、情報はとても大切な要素となります。知識を得たり、考えを深めたりするうえで、情報は大きな役割を果たしてくれるからです。

情報を多角的に仕入れて判断材料を増やし、多面的に物事を捉え、自分の頭で考えていくクセをつけていくと、どんどん自分の中身が厚くなっていきます。そのためにも情報に数多く触れることは大切です。

ただし注意しなければいけないこともあります。

メディアの情報は、バイアスがかかっていたり、キャッチーなものだけを取り上げる傾向があります。必ずしも、その情報が正しいとは限らないのです。だからメディアの情報は鵜呑みにしないが原理原則で、まずは疑ってみるということをしたほうがいいのです。しかもメディアから流れる情報は不安を煽《あお》るものも少なくありません。

特にダイエットや、美容、健康の話題でその傾向は顕著です。

それをそのままストレートに受け取ってしまうと、いたずらに不安ばかり煽られ、実際の姿を見失うことにもなりかねないのです。

そうしたことを避けるには、「本当にそうなの？」と疑ってかかり、他のソースをあたって情報を集めるなどして、自分で考えることを習慣化していくことが大切です。

テレビのニュース番組も、局の方針や考え方で局ごとに取り上げるニュースの優先度が変わったりします。もちろん友人からの情報も正しいものとは限りません。

こうした一方的な情報だけに左右されず、そこから先、時間をかけて制作された良質なドキュメンタリー番組を観たり、ウェブでいろいろ情報を拾ってみたり、本で確認してみたりして、多面的に情報を仕入れ、世の中の情報を正しく追うことが大事です。

さらに集めた情報も「それって本当？」と考えていくようにすれば、いたずらに情報に振り回されることはなくなっていきます。

原則6 批判をしない、不平を言わない

人の批判をしない、何かのせいにしないことを徹底させるのも、本物のキレイな人になるにはとても大切なことです。

外見がキレイでも、口から出てくる言葉が不平・不満ばかりだったら周りは大事にしてくれませんよね。そういう人は外見ばかり重視して、偏った磨き方をしてしまった偽者のキレイさんです。

人のせいにするクセをつけてしまうと、何か都合が悪くなるたびに、会社のせい、社会のせい、上司のせいにして逃げてしまうことになります。トラブルも、そのたびに誰か責める相手を探さなければならなくなって、自分で解決する以上の無駄なエネルギーがかかります。

不平・不満も、言葉にして出してしまうと、その不平・不満が現実化してしまいま

す。だから「世の中みんなバカばかり」とか、「こうなったのはあの人のせいだ」という言葉は、口にしないほうがいいのです。

出てしまいそうになったら、グッと飲み込んでください。そんな思いがよぎっても、言語化しないでやり過ごすようにしましょう。口に出さないで飲み込む習慣を身につけると、それだけで状況が変わって、いいことが起こるのです。

私は32歳のときから「三毒追放」を意識して実行しています。これは「妬まない、怒らない、愚痴らない」を常日頃から心がけるということです。「三毒追放」を実践すると、不思議なことにいいことがたくさん起こります。

何かのせいにして不満ばかり言う人は成長していかないし、心のキレイ度を高めていくこともできません。自分で解決できることを解決せず、他人に依存するだけになるので幸せも逃げていきます。

だから人の批判をしない、何かのせいにしないを徹底することです。そうすれば困ったことや嫌だなと感じていることも、ほとんどは解決してしまいます。

原則7 ⚜ 0・2%ずつ物事を改善していこう

何かを変えていこうというとき、ほんの少しずつでも毎日何かを改善していくと、1年、2年、3年で見違えるように変わります。

キレイも同じです。上手な笑顔をつくるとか、鏡に向かって笑ってみるとか、部屋にたくさん鏡を置くとか、毎日毎日「これはもう少しよくできるんじゃないか、変えられるんじゃないか」と考え続けて変えていくほうが、結果が出やすいのです。

こうしたほんの少しずつの改善を、私は「0・2％の改善」と呼んでいます。割合は小さいけれど、その複利の効果は案外バカにできません。

たとえば、誰かから何かを頼まれたとき、「めんどくさいな。時間があったときでいいや」で動いていたのをやめて、ほんの少し速く対応するようにしてみるのも改善です。

人の紹介を頼まれたら頭の中でリストアップしてすぐに紹介してあげたり、メールで問い合わせが来たらメールを書くスピードを速くしたり、相手のために自分が貢献できるやり方を少しずつスピードアップしていく。問題解決してあげるための時間が5分かかっていたなら、それを4分45秒でできるようにしていく。このように少しずつ変えてみると、結果的に相手に対しての親切が増えます。

人に対する親切は自分の中の貯金になります。コツコツ貯めていけば利息がついて、何かのときに大きく返ってきます。相手のほうから大きな親切が返ってくることもあるし、本当に自分が困ったときに助けてもらえたりします。

貯金というとすぐにお金と結びつけて考えてしまいがちですが、人間関係における信頼という貯金も大切なのです。その貯金を増やすために、ちまちまと少しずつやり方を改善していくわけです。

そのためにはいろいろな人を知っていないといけないし、いろいろなものを理解しておかなければいけないし、相手が今何に困っているのかがわからないといけません。それができるように、少しずつでいいから努力していくことも0・2％の改善です。

またコンビニでもスーパーでも、食べ物を買うときは必ず裏を返して原材料チェックをし、体にいいものを買うようにするというのも、ちょっとした改善です。積み重ねていけば食生活が変わり、健康にも美容にもいい結果になります。

人間関係も0・2％の改善でスムーズに変えていけます。自分に合わないいなあという人は、ちょっとずつ遠ざかっていって、この人いいなあと思う人は少しずつ近づいていくようにすると、気持ちのよい人間関係だけが残っていきますよね。

近づきたい人には優先的にメールを書いて、距離を置きたいなと思っている人には時間ができたときに書くなど、優先順位を考えて少しずつ対応を変えていくと、数年先には合わない人と自然に距離ができていきます。

どんなことでも少しずつの改善を続けていれば、3〜5年でガラリと変わります。それに20代からコツコツを繰り返して改善していけば、できることがどんどん増えていきます。40歳になったときには、若い頃にはできなかったようなこともできるようになっていて幸せです。

原則8　行動を惜しむべからず

どんなことも頭で考えたり、思ったりしているだけでは具体的な成果にはなりません。「やらなきゃな」とか「こうなるといいのに」と思っていることも、それを行動という形につなげていかないと、現実は変わらないのです。

たとえば本を読んで「なるほど」と思って何かを始める人、人の話を聞いて「なるほど」と思ってすぐに行動を起こす人と、「なるほど」と思ってそのままにしてしまう人がいたら、行動を起こす人のほうが確実に、早く環境をいい方向に変えていくことができますよね。

仕事や上司への不満も、自分で行動を起こさない限り、不満の種は消えません。その不満をなくしたいなら、何かしら改善のための行動を起こすほうが確実なのです。心の中でグズグズ不満を抱えているより、そちらのほうがずっと幸せになれます。

整理整頓したり、ゴミを捨てることもそうです。ゴミがあったときにサッと片付ける人と片付けない人がいたら、サッと片付ける人のほうが快適な環境で暮らせます。

行動することを惜しむ人でいると何よりよくないのは、普段の生活の中で自分に不愉快なことがあってもほうっておける人になってしまう点です。

すぐに動くということをしないと、行動を起こすことにどんどん鈍感になっていってしまうのです。なぜなら行動力をつけるのもトレーニングだからです。

たとえば「心臓外科医はしょうゆをこぼさない」という話があります。心臓外科医は、ほんのちょっとのミスも許されません。ケアレスミスがあれば患者さんの命を消してしまうからです。そのため普段の生活や行動でもミスに対してとても気を使っていて、しょうゆの瓶が食卓にあった場合、うっかり倒してこぼしてしまうような位置には絶対に置かないようにするそうです。

こんなふうに自分の行動はいくらでもコントロールしていくことができます。ですから、行動することを惜しまない人になるのはむずかしいことではないのです。

すぐに行動できるかどうかは、「あ！」と思ったら、すぐに動けるかという初動にかかってきます。

この初動も、動くことを意識していくほどスピードアップしていきます。しかも動けば動くほどラクにできるようになっていきます。ですから、「あ、これいいな」と思ったら、すぐに動くことを心がけておいたほうがいいのです。

それにはちょっとした工夫をしてみるのもいいと思います。

私は家中のいろいろな部屋にコードレスの1万円ぐらいの掃除機とゴミ箱を置いて、ゴミを見つけたらすぐに掃除機で取り除いてしまいます。

掃除機を出してきて組み立てて、コンセントを差してと段階をつくってしまうと、それが億劫《おっくう》になって、「あ、ゴミがある、掃除しなきゃ」と思っても、なかなかパッと動けませんよね。初動は誰もがつらいものなので、その負担をなるべく軽くする工夫をしているわけです。こんなふうにすぐに動ける工夫や準備をいろいろしておくと、行動もすぐ起こせるようになります。

原則9 消費と投資の区別をつけよう

将来のための投資と、今現在すぐになくなってしまう消費とは確実に違うものです。何かのために使ったお金や時間の効果が長い間にわたって得られて、将来の有形無形の利益として返ってくるのが「投資」で、お金や時間をかけてもその場限り楽しんでおしまいになってしまうのが「消費」です。

時間とお金は「もったいない」の発想が出やすいものの代表ですが、たとえば時間とお金がもったいないからとネットショップで安い物を買い、結果的に安物買いの銭失いになってしまったら、そちらのほうがもったいないですよね。

それより時間を使ってリアル店舗で品定めをして、ちょっとお金をかけて長く使える質のいい物を買うほうが、長期的に見ておトクです。このように「投資」と「消費」を分けていくと、結果的にお金と時間のムダが減っていきます。

洋服にしても、値段が安くてワンシーズンしか着られない流行の服を何枚も買うより、同じお金を出すなら、長く着られて着回しが効いて品質のよい服を1枚買ったほうが投資になります。メイクもそうです。あれこれ化粧品を買い込んで自己流で試行錯誤するより、数千円のプロのメイクレッスンを1回受けたほうが、きちんとしたテクニックが身につきます。

運動も、時間がもったいないからと後回しにすると、30代になってから体にボロが出やすくなります。だから朝の10分間にちょっとした柔軟体操をやるとか、隙間時間にスポーツクラブに行くというのは大事な時間の投資になるのです。

すぐになくなってしまう「消費」は、なるべく時間やお金をかけないで節約して、節約した分は「投資」に回すようにしていくと、後に大きなバリュー付きで自分に還ってきます。

そのバリューはスキルアップだったり、お金の安定だったり、健康的な体だったり、ワークライフバランスの取れた生活だったり、理想のライフスタイルだったりいろいろです。

だから「消費」と「投資」を分けて時間やお金を使っていくことも意識していきま

しょう。キレイになるということも、大きな「投資」です。

原則10 プロセス管理とデータ化を大切に

多くの人は、何かを決めたら、その結果が成功だったか失敗だったかだけを重要視します。でも物事にはプロセスがあって結果があります。大抵の人は、プロセスではなく結果を管理しようとするから、結果に一喜一憂して振り回され、精神的につらくなってしまうのです。

たとえば「キレイになる」と決めて、いろいろ努力しているのだけれど、あんまり効果が出ない。そこで「やっぱり私はキレイになれないんだ」と落ち込んでしまう。

ここで重要なのは努力がどうして実を結ばないのか、原因を探ることです。そのためにはプロセスをきちんと見ていかなくてはいけないのです。

メイクのテクニックはマスターしたけれど、じゃあスキンケアはどうだったかな？　肌の調子を整えるために大事な睡眠はちゃんととれていただろうか？　食生活はどうだった？　毎日寝る前にしっかりやるはずだった顔のマッサージはきちんと実行できていたかな?

このようにプロセスを振り返り、どこがいけないのか、何が足りないのかをチェックしていくと、途中でいくらでも軌道修正できます。メイクより前にスキンケアにもっと努力を割《さ》こう、毎日寝る前のマッサージは毎週末にたっぷり時間を取ろうなど、少しやり方を変えたり、少し工夫を加えてみたりができて改善が図られ、結果もおのずとついてくるのです。

また、プロセスをきちんと管理するには「記録するクセをつけよ」です。レコーディングダイエットは、じつはプロセス管理ですよね。あれと同じように、記録してプロセスを管理していくのです。

「結果が出ない」の多くは、それまでに何らかの原因の積み重ねがあります。「お金がない」「結婚できない」のは、節約ができていないから、婚活をしっかりしていないからかもしれません。こうした原因を見つけるには、自分の行動やそれまでの流れを客観的にデータ化することが大事なのです。

お金がないなら、まずはお小遣い帳をつけて収支を記録する、結婚なら男性と出会える場所に足を運んでいるか、自分の日頃の行動を記録してみる。データ化し原因を分析していけば、どこを変えればいいのか改善点がわかり、打開策も見えてきます。

その打開策を実行し、また途中のプロセスを見直してみる。それを繰り返していけば結果も出てくるのです。

原則11 健康的な生活を大事にしよう

キレイには、心と体がともに健康であることも、とても大切な要素です。といっても特別なことをするわけではなく、当たり前に言われている「三食しっかり食べて、睡眠も十分にとり、体もよく動かす」という基本を心がけるだけで十分です。

この基本習慣を若いうちから心がけておけば、もう少し年がいってアンチエイジングが気になり出したときにも、加齢から来る衰えに一喜一憂しなくてすみます。健康的な生活を送れば、内側からの老化が遅くなって若々しい肉体が維持できますし、ストレスも上手に解消できるので精神的にも元気で若くいられます。つまり健康に勝るアンチエイジングはないのです。

反対に乱れた生活リズムや食生活、運動不足の状態が平気でいると、見た目のキレイに大きく影響してくるのはもちろん、体のあちこちに不調が出たり、自律神経の調子を崩すなどしてメンタルの面でも問題が出てきます。

私たちは動物なので、生物的リズムを大切にして、それに沿って毎日を過ごすというのが最も心身に負担をかけず、健康にもよいのです。

なかでも睡眠はとても重要です。毎日きちんと睡眠がとれていると、体の疲れがとれて心の疲れもとれていくため、ストレスも解消されます。毎日同じような長さで、きちんとしっかり寝ることができると、体も心もすっきりして幸せになります。逆に睡眠時間が短く不規則になれば、イライラやストレスがたまって不幸せになっていきやすいのです。

もうひとつ付け加えると、依存性のある嗜好品にははまらないということも大事です。たとえばタバコ、お酒、カフェイン、甘いものなどです。タバコのニコチン、お酒のアルコール、カフェインは薬物ですから、はまるというのは薬物依存の状態にあるということなのです。白砂糖も常習性がありますよね。

こうしたものは美容の面でもいい影響を与えないうえ、生活リズムを乱す元にもなります。お酒やカフェインは眠りを浅くしたり、睡眠時間を短くしてしまうので、生活のリズムが崩れる原因となるのです。

また依存性のあるものは、安易な逃げをつくります。タバコを吸ったり、お酒を飲んだり、甘いものを食べたりすることでストレス解消しても、それは一時的な逃げにしか過ぎませんよね。

本来向き合うべきストレスの原因と向き合うことをしなくなるので、根本からの解消ができず、結局、タバコやお酒に頼ってしまうという悪循環を生みます。依存性の高い嗜好品に依存するぐらいなら、パートナーに依存するほうがよほど健康的です。それも互いが自立し、支え合う形での依存なら、なお健康的でベストです。

原則12 運は待つより捕まえよ

世の中に運のいい人というのはいません。運というのは、いろいろと行動し、経験した中で、たまたまうまくいったものをどれだけ拾えるかです。だから何もしないで運がいい人なんて、まずいないのです。

宝くじだって買わなければ当たりません。しかも当たる確率も悪いですよね。自分自身が努力することで運を確実に引き寄せるほうが、宝くじを買うよりもよほど確率が高いのです。

それに運の総量はみんな同じです。なのに、どうして運がいい人と悪い人がいるのかといえば、その違いは「どのように行動しているか」にあると思います。

運がいい人は、やっぱり運をよくするべく、そのための行動をちゃんと起こしているものなのです。

たとえば、ぜひ知り合いたいと思っている人がいて、偶然にもその人が近くにいたとします。その際、きっかけを逃さずサッと声をかけられるかどうかで、運をつかむ人か逃がす人かの違いが出てきます。傍から見たら「あの人ってラッキーだよね」に見えるかもしれませんが、そのラッキーは声をかけるという行動を起こしたからこそなのです。

こうした「偶然に起こったことの中から幸運を引き寄せる力」をセレンディピティと呼びますが、運やツキのある人はセレンディピティの力が強い人とも言えるでしょう。もちろんセレンディピティも、自ら行動を起こさない限りは起こりません。

チャンスの数にしても、人による総量はそれほど変わりません。やってくる時期や訪れ方が人によってバラついているだけで、運がいい人は、チャンスがやってきたときに「それがチャンス」と気づいて行動を起こしているのです。

ここでも初動が大事になってきます。初動が速いかどうかはメンタル筋力、すなわち行動する力があるかどうかです。メンタル筋力を鍛えて初動を速くしていけば、チャンスをうまくつかんでいくことができるし、チャンスをキャッチするレーダーも敏感になっていきます。

反対に運が悪い人は、やっぱり「それじゃ運は悪いよね」という行動パターンをとりがちです。占いや血液型といったものにすごく頼っていたり、「ああでもない」「こうでもない」と理屈をつけては、やることを延ばし延ばしにしていたり、自らチャンスをやり過ごしてしまうような行動が多いのです。

しかも、運が悪くなるような振る舞いもしています。みなさんの周りに、「あの人、運が悪いなあ」と感じる人がいたら、ちょっと思い出してください。そういう人は雰囲気も暗いし、どこか卑屈だったり、ひがみっぽかったりしませんか？

成功している人はキレイな人が少なくありません。顔立ちが美人でなくても、かわいらしくて、一緒にいるとお互いの心がキレイになっていく人が多いのです。一緒にいて気持ちがいいから、たくさんの人が「この人と会いたい」「この人が何か頼んできたら、喜んで手助けしよう」と思ってくれます。ですから運がよくなります。

どれほど美人な顔立ちでも、気持ちがブスな人は運を逃がします。だから見た目も、そして心もキレイにならないといけないのです。

＊＊＊

この12の基本ルールは、言ってみればキレイになって幸せを手にするための骨格のようなものです。

でも、みなさんが本当に幸せに人生を生きていくためには、キレイになるために必要な知恵や技術を知ることはもちろん、他にもいろいろな知恵や技術を身につけて肉付けしていくことも大切になります。

お金のこと、仕事のこと、恋愛や結婚のこと、ピンチが来たときどう乗り越えればいいかといったこと、こうしたことまで知っていれば、キレイになって周りの環境が変わったその先が、もっともっと幸せになりますよね。

見た目もキレイになって、中身も高めて、さらに人生そのものを幸せに変えていく、そんな欲張り人生のための「幸せになる知恵や技術」を次からご紹介しましょう。

ヘタレでした。
末っ子気質で依存心が高くて
周囲がお膳立てしてくれる環境に
馴染んでいました。
問題に向き合えずに
頭から布団をかぶって
引きこもっていたこともあります。

勝間和代

私の20代

1

私をキレイに磨く知恵と技術

キレイになる努力は、
費用対効果が高いし、即効性も抜群です。

1

キレイ編

目指すならプリティより
ビューティな女。

『世界一の美女の創りかた』の中にあったイネス・リグロンさんの印象的な言葉が、「日本で言う美はプリティであって、ビューティではない」です。

ビューティというのは外見のキレイはもとより、内面の美しさ、立ち居振る舞い、上手な主張といった内面まで合わされたもの。日本語だと「美しい」より「かっこいい」が近いかもしれませんね。

対するプリティは、顔だけ、見かけだけが「かわいい」ことです。熱心に外側を磨いても、内面的な努力をあまりやらないと本当の意味でキレイな人にはなれないのです。反対に、中身だけ磨いてもビューティにはなれません。見た目も中身もバランスよく磨いてこそ、ビューティな女になれるということです。

外見をキレイにしていくことも大事ですが、どうせ目指すなら、プリティよりもビューティを目標にしましょう。

外見は100人いたら30番目になれるぐらいを目指して磨き、あとは人の話をよく聞いて、自分の考えを自分の言葉で話せるようにがんばる。言葉遣い、立ち居振る舞い、考え方まで含めてビューティが完成すると考えて、キレイになっていくといいと思います。

2

キレイ編

キレイは有効なコミュニケーション手段である。

化粧やオシャレをする理由は、相手を不快にさせないためです。自分のためというより相手のためにするもので、じつはコミュニケーションマナーのひとつなのです。

身なりに構わない人は、「私に対しても気を使わないんじゃないか」という印象を人に与えます。**自分に気を使わない人が、他人に気を使うわけがない**と人からは思われますし、だらしない人は管理能力がないと思われてしまいがちです。

私たちは、いろいろな情報から「この人はどういう人か」を判断しています。ちゃんとしている人かどうか、一緒にいて気持ちよさそうな人かどうか、健康な人か、心が汚い人じゃないか、その情報のひとつとしてキレイがあります。しかもキレイであることは、結果的に人とのコミュニケーションにとても効くのです。

効くのは対男性に限らず、女性に対しても同じです。キレイな人を前にしたら、相手も気分がよくなって意思の疎通がしやすくなります。ぱっと見てコミュニケーションを取りやすそうな人には、男も女もみんな優しくなりますよね。

ですから社会人として働き出したらメイクはしないよりしたほうがいいし、メイクしないのであれば、せめて眉はきちんとカットして整えておく、ヘアスタイルは整えておく、肌も手入れしておくなど、人を不快にさせない努力はしたほうがいいのです。

3

キレイ編

ファッションも自分ではなく相手のためにこそするもの。

メイクと同じように、ファッションもじつは相手のためにするものです。もちろん、質感がよい、肌触りのよい素材のものを着たり、パリッとした服を着ると自分自身も心地よいですが、それ以上に相手を心地よくさせるものであると理解しましょう。

私がこのことに気づいたのは最近で、スタイリストの草分け的存在である原由美子さんに話したら「今さら何を言ってるの」と笑われてしまいました。それまではファッションは自分のためと思っていたので、天然素材で動きやすく、自分が気持ちよければいいと考えていたのですが、動いたときにキレイに見える、相手を華やかで楽しくさせるということも大事な要素だと思うようになりました。

たしかにコンサルタントをしていた時代、それまで地味な服しか着なかったのが、人に勧められてKENZOやヨウジヤマモト、ジルサンダーなどのスーツを着始めたら、仕事が取りやすくなった経験があります。男性上司からも**「何を身に着けるかは大事なんだ。その調子でがんばれ」**と褒められました。

ファッションもコミュニケーションです。そう考えたら、戦略でTPOを使い分け、相手を気持ちよくさせる服装をするのも大事ということです。

4

キレイ編

セミロングヘアは七難隠す。

「勝間さん、ずいぶんフェミニンになりましたね」と、しばらくぶりに会った方に褒めてもらいました。ぱっと見の印象でそう言われたのですから、おそらくその男性にとっての女らしさの基準は、唯一、髪の長さなのだと思います。

今、私は髪を意識的に伸ばしています。一番短かったのは『効率が10倍アップする新・知的生産術―自分をグーグル化する方法―』（ダイヤモンド社　2007年12月刊）で、帯には自転車を脇に置いた写真が使われているのですが、その頃だったと思います。あらためて見ると我ながらずいぶんスポーティなイメージです。

たとえば、いいパートナーを手に入れるには、男子受けする外見の人のほうが強いですよね。ボーイッシュなショートヘアより、セミロングのクリンクリン巻き髪のほうが男子の目をひきます。**髪が伸ばせるのは女子の特権**なのですから、男子受けするヘアスタイルを取り入れないのはもったいないと思います。

そもそもセミロングは、どんな人もかわいく見せてくれます。同じ人がショートとセミロングだったら、セミロングのほうが確実に美人に見えるのです。ということは女同士が「かわいい！」とショートを褒めるのは、ライバルを蹴落とそうとする本能的行動なのかもしれません。

5

キレイ編

ピンク色とスカート。ベタのパワーを、侮るなかれ。

男子の視線を集めたいなら、やっぱり白やピンクの女子色をまとうのが有効です。たとえば同じ部屋に女子色服の人と、黒やグレーやベージュなどのシックなカラーの服の人が一緒に入ってきたとします。**反射的に男子がどちらに注目するか**は言うまでもありません。

またパンツスーツを颯爽《さっそう》と着こなす女性もステキですが、こと男性目線だとスカートのほうがウケがいいのです。先日、菅直人副総理に政策提言を行った際、ジャケットこそ黒ですが、インナーは白いシャツで清潔感とフォーマル感を出し、ボトムスはスカートにしてみました。

言いたいのは、女子色とスカートは戦略としては効果的ということです。それが〝当人比〟であっても、違いは実感できるはずです。周りの女子から「あの人は男に媚びている」と言われようが気にせず、堂々と「確信的に戦略としてやっているの」と宣言して、「これも作戦の一部」と貫いていきましょう。

とくに20代女子はいいパートナーを手に入れることや人から好かれること、能力以外に自分の価値を高めていく手段として、キレイでいることをもっと戦略的に活用していくほうがいいと思います。

6

キレイ編

わかりやすく戦略的に「女子」を装う。

作家の渡辺淳一さんにお会いしたとき、「男性はどうしてあんなに胸とお尻が好きなんでしょう?」とお尋ねしたところ「そうじゃなきゃ人類が滅びちゃうからだよ」と、明快かつ豪快な至言をいただきました。

男の人は結局、**自分のDNAをいかに残すかという本能に突き動かされる**ので、女性性を感じさせる女子色の服やスカート、セミロングの巻き髪に心惹かれるのです。

つまり、いいパートナーを手に入れたかったら、女子臭(女性臭とか、肉食系女子臭とは、別のものです。少なくとも今の日本では……)がプンプンする格好のほうが効率がいいのです。

とはいえ、女子同士の集まりであまりに狙いがあからさまだと、周りから浮いてしまうし、勘違い女のレッテルを貼られてしまう危険性があります。だからクリンクリン度は控えめに、少し地味めなファッションにするなどの引き算も必要です。

どの程度変えるかはバランスですが、男子が集まるときと女子だけのときでキレイを使い分けるというのも戦略です。面子とTPOで変えていくようにすればいいわけです。

7

キレイ編

美人の不満顔より不美人でも笑顔がいい。

メイクに凝ったり、エステに通ったりするのもいいのですが、もっと安上がりで効果的なキレイになる方法があります。それは笑顔を磨くことです。言葉は悪いのですが、美人の不満顔よりブスの笑顔のほうが100倍の魅力があるのです。

どんなに見かけにお金をかけても、笑顔が出ない人に他人は心を開いてくれません。笑顔を習慣にしていると、周りはみんな優しくしてくれます。笑いかけたら、相手も笑顔で返してくれますから、コミュニケーションもとてもスムーズになるのです。

笑顔でいることのメリットは、**笑うことで自分の気持ちも楽しくなる**ということです。楽しいから笑うのでなく、笑うと楽しくなるというメカニズムが人間にはあるのです。

笑えば体にいい脳内ホルモンもたくさん出るし、笑いはいろいろなことを解決してくれます。ですからたくさん笑いましょう。鏡を見て、割り箸や鉛筆を1分間口にはさんで笑顔の練習をしてもいいと思います。高価な化粧品を買うより、いい笑顔をつくるトレーニングをしたほうが魅力を高めるには効果的です。

8

キレイ編

キレイにはやっぱりHも大事。

これはあまり大きな声では言えませんが、Hもキレイのための重要アイテムです。異性とのスキンシップは、自分がキレイでいられる隠しスパイスのようなものです。人に裸を見せる機会なんて、こんなときぐらいしかありませんし、見られて恥ずかしくない体でいたいと思ったら体型や肌の手入れにも気を使うようになりますよね。

口では「ぶよぶよでもいい」なんて言ってくれる男の人も、本音の本音はキレイな体が好きなのです。キレイな体でいると恋人や夫に大事にしてもらえるし、スキンシップの回数も増えます。じつはスキンシップの回数がたくさんあると、女性ホルモンの出方も変わって、どんどんキレイになるという説もあります。

Hそのものじゃなくて、ハグやキスでもいいのです。抱き合ったり、キスをしたり、裸で肌に触れ合ったりという心地よいスキンシップはキレイの源です。

そういう意味で結婚がいいのは、特定の相手といつでもHができるからです。しかもホテルを使うよりお金がかかりません。最近、1㎡あたり1000円というホテルの法則を見つけたのですが、50㎡のスイートは1泊5万円、結婚して50㎡の家に住めば家賃12万円で、**2晩半で元が取れてしまう計算**です。相手の確保と経済面を考えても、やっぱり「誰かとホテルに行くより結婚」をお勧めしたいです。

9

キレイ編

「クリンクリン髪の知的女子」が最後は勝ち。

自分の能力に自信がある女子ほど、**外見はそっちのけ**で、中身で勝負の方向にいってしまいがちなのは、**とてももったいない**と思います。仕事をがんばってスキルを身につけたり、知識や知性を身につけたりすることも大事ですが、能力に自信がある人ほどファッションを効果的に使うべきなのです。

なぜなら頭がよくて地力があって、なおかつ見た目もキレイというのは最強ですよね。最後に勝つのは、やっぱりこういう女子です。

キレイは決して外見を磨くか、中身を磨くかのゼロイチではありません。地味なダークスーツでバリバリ仕事するだけが道じゃないし、メイクやファッションテクニックだけを磨くのも違います。

理想は外もキレイで、中も知的であることです。セミロングの巻き髪だけれど、中身もあるクリンクリンになれたら、すべてにおいて無敵なのです。

長年馴染んだキャラクターを一新することや、セルフイメージを変革することに強い抵抗がある人もいるかもしれません。でも私は、そんな人ほど「私も変わったからあなたも変われるよ」と背中を押してあげたいのです。

10

キレイ編

本を読む女子は中身がどんどん磨かれる。

では中身をキレイにする方法を教えましょう。まずは読書です。読書のすごさは、読むだけでいろいろな人の知識やノウハウが手に入って、著者が長い時間かけて究《きわ》めてきた重要なエッセンスだけを効率よく手に入れられるところです。情報の濃度も、テレビなどのメディアよりはるかに濃厚です。

また、読書は文字で情報を得て、それを自分の頭で再現する行為なので、思考力の訓練にもなります。**20代のうちは自分の知識や体験もたかが知れていますし**、思考力をつける意味でも、本は絶対に読んだほうがいいでしょう。

私は1週間で10〜15冊の本を読みますが、なかには読みかけでやめてしまうものもあります。そのぐらい気軽なノリで構わないのです。本を読むことに慣れていないなら、好きな本を1日10分読むところから始めればよいと思います。ただし、できればコンスタントに読む習慣はつけたほうがいいですね。読書も訓練次第です。

文字を目で追うのが大変でつらいなら、日本語のオーディオブックを聴くというのも方法です。要は、言語情報を自分の頭で解釈しイメージする訓練ができればよいので、まずはその部分を音声に任せてしまうわけです。その訓練を繰り返して、言語情報のイメージ化に慣れていけば本もだんだん読めるようになります。

11

キレイ編

女子的外見でつかみはＯＫ、そこから先は言葉の力で。

キレイになるのはコミュニケーション能力を高めるため、と説明してきました。では、言葉のコミュニケーションは十分にできていますか？

自分の思っていることを正しい言葉を使って相手にわかるように説明するには、言葉を使うしかありません。日本人である私たちは、母国語である日本語で概念や考えを相手に伝え、理解してもらうことが必要です。考えをまとめ、人に伝えるのは言葉しかない以上、日本語を訓練して磨いていくことはとても大切なのです。

英語にしても、まず日本語がしっかりできないと、英語でコミュニケーションはできません。なぜなら日本語で表現できないことを英語で表現できるわけがないからです。英語が下手でも、伝えたい内容がしっかりしていれば、**「この人は単に英語が下手なだけで内容はしっかりしている」**と評価してもらえます。

日本語を磨くには、本を読む、人と話をする、人の話をたくさん聞いて、質のいい日本語をたくさんインプットすることです。テレビから流れてくる質の悪い日本語を聞いていると、日本語はどんどんダメになっていきます。さらにブログを書いたり、人に話をしたりしてアウトプットしていく、この繰り返しです。ブログも毎日3行でいいから何か書くようにしていくと、それだけで日本語力が変わります。

12

キレイ編

イタイ女を軌道修正してくれるもう一人の自分。

周りが見えなくてイタイ女になっているとき、ひとりで突っ走っているとき、失敗して落ち込んでしまったようなとき、軌道修正の方法として、自分を見つめてアドバイスしてくれる、もう一人の自分をメンターでつくるといいと思います。私という存在を高いところから眺めている、もう一人の私をつくるイメージです。

その際、ダメ出しばかりでは疲れてしまうし、自信もなくなっていくので、「ここはダメ」、「ここはいいんじゃない？」と、両方を声がけしてくれる自分をつくることがポイントです。

自分をメンターにするには自分を客観視するクセをつけるのが一番で、ブログを書く、ストレングスファインダーのような自己診断テストをちまちまやってみる、上司面談で耳が痛いことを言われてもしっかり聞くということを続けていれば、客観視もできるようになっていきます。また自分のいいところ・悪いところを指摘してくれる恋人や友達をもつのも方法です。ただ、**人のアドバイスはウソもホントも混じる**ので、鵜呑みにせず、自分の中でもう一回判断し直してみることも必要ですね。

客観的に俯瞰できる自分をつくると視野が広がり、ゼロイチで考えることも少なくなっていきます。必要以上に落ち込むことも、舞い上がることもなくなります。

13

キレイ編

メンタル不調はキレイの敵。サインが出たらすぐ手当て。

腰が痛い、背中が痛い、胃の調子が悪いは、ウルトラマンのカラータイマーと同じで、「そろそろアブナイぞ」のサインです。メンタル的に負担が来ていると、体の不調になって現れます。

胃が痛い、肩こりがひどい、土日もひたすら寝るだけ、そうした症状が出始めたら、「限界が来ている」サインと捉えましょう。ほうっておけば心身症にまで進んでしまうこともあります。ひどくなる前にガマンしないことが大事です。

そうした不調の原因は過労ですから、ちょっとおかしいと思ったら、ゆっくり寝て、おいしいものでも食べに行って、シネコンで好きな映画でも観て**ワハハと笑いましょう**。ツタヤで好きなDVDを借りたり、マンガを読んで思い切り泣くというのもお勧めです。コンビニでおいしいスイーツを買うのもいいですよね。

私は疲れるとゆっくりお風呂に浸かります。心と体に黄信号がともったら、コンビニで買った入浴剤でも入れてお風呂に浸かるのも効きます。

ひどくなったら専門機関に駆け込んだほうがいいのですが、その前に、とりあえず体を動かして、頭を動かして、大笑いしてみましょう。楽しいことをして、まずは不調を軽くしてみましょう。

14

キレイ編

キレイの最終進化形は人脈だって作れる魅力。

人脈とは、単に知り合いが多いことではなく、無償で何かをしてくれる関係にある人たちがどのくらいいるかです。ですから、こちらが付き合いたいと思っても、向こうがそう思わなかったら人脈にはなりません。

互いに「この人と付き合うと気持ちいい」と思える関係にならなくてはいけないので、人脈作りに必要なのはコミュニケーション能力よりも、実力があることが先になります。要は魅力ある人になるということです。

それは話がおもしろいでも、立ち居振る舞いが美しいでも、何かについてよく知っているでもいいのです。こうした実力があれば「この人の話を聞きたい」と人は思ってくれます。**ただし実力は一朝一夕には備わりません。**ですから努力は必要です。

会話が苦手なら、まずは人と共有できそうな話題をひとつでも多く仕入れて、やり取りし合う訓練をしてみるのもいいでしょう。人と話をするのも訓練次第なのです。

天気や食べ物など共通の話題から訓練を積んでもいいと思います。とくに食べ物は、おいしい、まずい、この店の雰囲気はどうかなど、共有の話題も見つけやすいですよね。とにかくいろいろな場面で共通の話題を見つけ、やり取りをし合う訓練をしましょう。

15

キレイ編

若さというアドバンテージを失っても残るキレイ力。

30歳を過ぎたら容姿の衰えはどうしても避けられません。20代でどんなにかわいくても、30を過ぎて年を取っていけば衰えは避けられないのが自然の法則です。でも、焦る必要はありません。30歳を過ぎたら総合力で勝負すればいいのです。

総合力とは、包容力、経済力、理解力、サポート力、相手を認めてあげられる力を合わせたものです。これを身につけた女性は、30歳を過ぎても、その先さらに年を重ねていっても、**若さだけでは太刀打ちできない魅力が備わります。**

美醜でいけば20代ギャルには負けますが、30歳を過ぎても魅力的な人はみんな総合力があります。

外見を磨くためにエステやアンチエイジングにお金をかけるのも、それでストレスが解消し気持ちの張りにつながるならいいと思いますし、かけるだけのお金があって費用対効果もあるならやっていいと思います。

でも、それよりも一番のアンチエイジングは、三食きちんと食べて、よく寝て、よく動き、体にストレスをためないこと。健康的な生活をベースに、気持ちが快適になる程度に化粧やエステにお金をかけ、内面を高める努力をして「総合力」をつけていくほうが、結局は長く魅力的な女性でいられるのです。

長女誕生を機に監査法人勤めを辞め、
〝専業主婦〟に。夫の給与二十数万から
12万円の家賃を払うとカツカツ。
青魚ばかり食べてました。
出産後半年で就職活動を開始しました。

勝間和代
私の20代
2

恋愛・結婚で幸せになる知恵と技術

自分以外の他人と一緒に暮らしてみる。
それも35歳よりも以前に。

16

恋愛・結婚編

パートナーと暮らすと自分がどんどん成長する。

いいパートナーがいることは、いろいろなメリットをもたらしてくれます。一番は長生きできるということです。精神的に支えてくれる人がいれば精神状態も安定するし、健康状態もよくなるし、笑顔が出る回数もシングルの人より多くなります。

またパートナーは最も身近な他人なので、自分の鏡になってくれます。「こういうところを気をつけたほうがいい」とか、「ここはこうしたほうがいい」というのは、パートナーだからこそ言ってもらえること。友達はそこまで深く突っ込んで言ってはくれません。このようにわが身を振り返る鏡がもてるのも大きなメリットです。

言い換えれば、言いたいこともガマンしてしまうような相手は、パートナーとしては不向きということですね。

法律婚・事実婚・同棲関係なく、**赤の他人とひとつ屋根の下で暮らす体験**は自分自身を大きく成長させてくれます。ガマンをしたり、言葉遣いや気配りに気を使ったり、互いにいろいろなことを学び合いますし、相性が合わないこと自体も学びになります。

結婚という形にこだわらなくても、自分が成長するというメリットを思えば、やはりパートナーを見つけ、一緒に暮らしてみる経験はしたほうがいいと私は思います。

17

恋愛・結婚編

パートナー探しはまず行動。面倒くさい、は禁句。

パートナー探しのコツは、ずばりマメ子であることです。出会いたいけれど、出会うための努力は面倒くさい！では見つからないのも当たり前ですよね。

「周りにいい男性がいなくて結婚できない」という女性の話を聞いていると、実際には何も行動していない人が意外と多いのです。平日は家と会社の往復で、土日は家で過ごしてばかり。「スポーツクラブとかに行ってみたら？」と言うと、「エーッ、面倒くさい」。「ミクシィやヤフーパートナーに参加したら？」と言うと、「なあにソレ？」。

行動しなければ出会いも何もありません。結婚相手を探すには、**男の人がいる場所に物理的に出かける**しかないのです。あるいは友達に「いい人を紹介して」と日頃からガンガン言っておくことです。

パートナー探しは基本的に友人探しと同じです。無理にお見合いパーティなんかに出なくても、友達の輪を広げる感覚で、気楽に、ひとりでも多くの人と会うことのほうが大事です。

もちろん、人に紹介してもらうにしても何にしても、自分にそれなりの魅力がなければいい話はやってきません。魅力的な女性であれば、紹介するほうも紹介しやすくなりますよね。いい出会いのためにはやはり自分を磨くことが先決です。

18

恋愛・結婚編

年齢のレンジは広めに設定しておくべし。

シングル女性からよく聞くのが同年代の男性と出会えないという声ですが、考えておいたほうがいいのは、女性のほうが年齢のレンジにハンディがあるという点です。男性の場合、年上から年下まで相手選びの年齢幅を広く設定できますが、女性はそうはいきません。また男性は正直、同年齢の女性は選びたがらないものなのです。しかも男も30歳前後になるとほとんどが既婚者、いい男ほど結婚している確率が高くなります。なので、結婚相手を探すなら、対象年齢をバツイチ含む上の年齢層に広げるか、あるいは思い切って独身率の高い年下を狙うほうが効率としてはいいのです。

最近さかんに使われている**婚活という言葉は、合コンに参加して結婚のための活動を行うことではありません。**今までのように「高収入の男性と結婚する専業主婦モデル」を目指すと絶対に相手は見つからない。だから自分も働くことを前提に、バラエティをもって相手を探しましょう、というのが本当の定義。要は、多様性をもって相手探しをしましょうということなのです。

実際、3歳年上で自分の年収の1・5倍の男性ばかりを狙っていたら、いつまで経っても相手は見つかりっこありません。ターゲットは広いほどいいのです。ただし、〝選んでもらえるキレイな自分〟であることは、ここでも大事なポイントです。

19

恋愛・結婚編

1対1や2対2の少人数合コンに好機あり。

異業種交流会やパーティなどで人と知り合うというのは、意外とハードルが高いことも理解しておきましょう。そうした場に来る人たちはレベルもそれなりですから、自分もそれなりのレベルでなければ、なかなか相手は見つかりません。

それよりも本当に自分と合う人と知り合いたいなら、人を通じて少人数の合コンなどをセッティングしてもらうほうが有効です。1対1とか1対2、2対2ぐらいで会える場をつくり、男性と知り合う方法が一番なのです。

また仕事を通じて知り合って、**「この人いい人だな」と感じて自然にお付き合いが始まる**というのが、お付き合いの理想の形です。そのためには人と会う仕事をするというのもお勧めです。

内勤の仕事だと、守備範囲は社内の男性に限られます。会社の規模によっては他部署の男性と知り合うチャンスさえないかもしれません。もし内勤なら、いろいろな部署の人と知り合える部門で働くのが一番です。それだけ出会える人の数は増えるのですから。内勤の事務職と営業職の人では男性と知り合う機会に、やはり差が出てきてしまいます。ですから、いい男と知り合いたいなら、営業のように社外に出る仕事を選んだほうがいいのです。

20

恋愛・結婚編

不倫の費用対効果は最低最悪。

不倫に関しては、まずとってもリスキーであるということを理解しておきましょう。不倫は法律上の不法行為ですから、バレたとき不倫相手のパートナーから慰謝料請求されるリスクがあります。また会社に訴え出られたら、クビになる可能性もあります。そうしたリスクを重々承知のうえ、**慰謝料を請求されて全額かぶるくらいの覚悟があり、**それでも相手を好きなら貫けばよいと思います。ただし慰謝料請求されたり、退職を余儀なくされてもすべては自分の責任です。そこで恋愛相手を恨んでもお門違いです。

そう考えると不倫の費用対効果はハッキリ言って最悪です。だからしないほうがいいわけです。そもそも大概の不倫男は妻の悪口や妻との離婚を口にするものですから、その言葉を信じたら高確率で痛い目にあいます。

不倫のリスクをわずかでも減らしたいなら、条件は2つしかありません。相手が物理的な離婚調停に入っていること、離婚のプロセスが具体的に進み、あとは単に時間の問題であることです。この2つの条件がない限り、不倫はやめたほうが無難です。ただし離婚調停中であっても離婚が成立したわけではないので、相手の妻は慰謝料の請求ができることは覚えておきましょう。

21

恋愛・結婚編

専業主婦を目指さない。

結婚への憧れに水を差すようで心苦しいのですが、一世一代の自分らしい心に残る結婚式を挙げて、その後は専業主婦におさまり、ダンナ様の収入でラクして暮らすことをゴールにしても、いまやその結婚モデルは成り立たないのが現実です。

モテカワ系を実践して比較的高収入の男性を見つけ、悠々自適の専業主婦におさまっているのに、幸せそうじゃない人が私の周りにもいっぱいいます。社会とのつながりは少なくなり、話題はダンナと子どものことばかり。暇で時間はあるから趣味は多いけれど、毎日はつまらない。そんな生活が待っているとしたら、専業主婦は本当に幸せでしょうか？

そもそも男性の収入が下がり始めていることを思えば、働きたくないから専業主婦になって、**ダンナの稼ぎでラクして暮らすというのは、もはや幻想**です。何より、結婚相手がＤＶ夫やモラハラ夫だった場合、お金も力もない専業主婦では逃げるに逃げられません。一生いけにえです。

女性が幸せになる秘訣は専業主婦にならないことなのです。自分の足で立ち、自分で稼ぐ経済力があったほうが、自由にお金も使えるし、自由に動けてやっぱり人生は幸せです。「専業主婦は目指さない」も、いい女でいるための大事な条件です。

22

恋愛・結婚編

結婚前のお試し期間で相手の歩み寄り方を見極める。

結婚とは、ひとつ屋根の下に他人同士が住むことです。ですから時間が経つうちに、どうしても価値観もろもろのズレが生じてきます。そのズレを一緒に修正できる人であることが結婚相手の条件としては重要です。

結婚生活が長く続いている人たちにヒアリングをすると、うまくいくポイントはやはりそこにあります。ズレの修正のためにお互い歩み寄っていかれるかどうかが長続きの秘訣で、この歩み寄りを20年繰り返していくと、他の相手と一から関係を組み立てていくのが面倒くさくなってしまうわけです。

そうした調整ができる相手かどうかを確かめるためにも、私としては結婚前にお試し期間を設けておくことをお勧めします。歩み寄れる人かどうかの見極めは、腹を割って話すしかありませんし、それができない相手とは「そもそも結婚するな」です。

また結婚相手に何をしてもらうかではなく、**何がしてあげられるかを考えること**も結婚生活の維持には大切です。自分も相手もそのように考えられる同士でなければ、どちらか一方が与えるだけになって結婚生活がつらいものになってしまいます。

つまり結婚は、する前より、した後のほうが大事ということ。どんな結婚式をするかは二の次なのです。

23

恋愛・結婚編

結婚は「人生最大の賭け」、ハズレを引くこともある。

結婚は「人生最大の賭け」です。しかも戦略的に進めていくことは無理なので、少なくとも貧乏クジだけは引かないようにするしかありません。**金をせびる男、俺様系男、モラハラ男、DV系男といった貧乏クジ**を引かないためには、やっぱり結婚する前の情報収集が大事になってきます。リスクは事前に減らしておくに限ります。

それでも選んでしまった場合は、失敗する確率は高いと覚悟のうえで結婚するしかありません。でも、その覚悟があれば、DV男などの大きな貧乏クジを引いてしまったときに逃げる態勢も立てやすくなります。

そもそも愛情は醒めるもので、恋愛感情で言うと男性で半年、女性で3年しかもたないそうです。「好き」という感情でくっついていられるのは最初の数年だけなのです。

結婚の恋愛学で言っても、価値観があまりにずれている人は高い確率で離婚します。自由度が高くないとダメな人が、拘束系の人と結婚すると結婚生活は大概うまくいきませんし、恋人同士なら許せる相性と結婚相手としての相性は違います。相性の受容度も恋愛中より、結婚後のほうが狭くなるのです。

結婚に夢を見るのも楽しいですが、結婚生活はリアルかつシビアに考えておくぐらいがベストなのです。

24

恋愛・結婚編

資産運用でも結婚生活でもリスクマネジメント。

結婚後のリスクはなかなか事前にわかりません。ですから結婚で後悔しない近道は、いつ離婚しても大丈夫なように準備しておくことに尽きると思います。

愛情が醒めた後にリスクばかりが残ってしまわないよう、結婚のときに離婚の条件を決めておくとか、何かあれば逃げ出せるように経済力だけはつけておくとか、リスクマネジメントはしておくに越したことはありません。

今は3組に1組が離婚する時代です。リスクをとっておくという意味で、互いの判を押した誓約書をつくっておくぐらいはしたほうがいいと思います。その誓約書は、基本的に「無効」でいって当たり前のものなのですから。

そもそもDV男やモラハラ男は、結婚してみないとわからないことが多いのです。DV男に遭遇する確率は5～10％もあって、乳がんにかかる確率より高いのです。こうした男は外面がよく、**恋愛中は超がつくぐらい優しい気配り男というのが特徴**なので、恋人同士のときは正体を見極めるのが困難です。

そんな男を捕まえてしまったときのことを想定して、結婚前にDV関連の本を数冊読んでおいたり、手に職系の仕事を見つけ、子どもを連れて身ひとつで逃げ出しても困らない形にしておくとか、リスクマネジメントはしておいたほうが安心です。

25

恋愛・結婚編

出産適齢期だけは待ってくれない。

女性の20代が美しい理由は、生物学的に生殖年齢に最も適しているからです。美しさで男性を引きつけて、体が若いうちに子どもを生ませるというのが自然の摂理なのです。

結婚自体は失敗したら離婚でリセットできますが、出産する最適な時期は逃したらリセットできません。残念だけれど、妊娠できる確率は年を取るごとに下がっていってしまいます。それを考えたら、20代後半で結婚可能なパートナーがいる人は、「他にいい人がいるかも」などと思わず、**目の前の相手で手を打ったほうがいい**のです。

結婚に関して考えるときも、結婚の適齢より、出産や育児の適齢期を軸に考えたほうがいいと思います。女性の場合、結婚は早過ぎるリスクより、遅過ぎるリスクのほうが高くなります。遅過ぎると子どもができにくいし、離婚しても年齢的に次が見つかりにくいというマイナスがあります。

子どもをもつにしても出産年齢は若いに越したことはありません。女性の体は35歳を過ぎるとどうしても可妊力が下がります。時間だけは逆さまに流れないことを思えば、30歳前後で妊娠・出産というライフプランで結婚を考えていくほうがいいと私は思います。

26

恋愛・結婚編

結婚＝生活であると心せよ。

女性の人生の幸福度は、結婚7割、仕事2割、その他1割で決まります。幸せかどうかは、大半がどんな結婚生活を送るかで決まってしまうので、仕事以上に真剣に考えたほうがいいのです。

結婚式ありきで結婚を夢見てしまうと、結婚生活のリアリティにまで思いが至りません。でも結婚とは生活そのものです。まずはそれを理解しておくことが大切です。生活である以上、毎日の家事からは逃げられませんよね。ならば負担をどう減らすかを考えるのも結婚では大事になります。家事・育児に協力的な男性を探すとか、**新婚の段階から夫を教育する**とか、トイレは汚した人が拭く、片付けは散らかした人がするなどのルールをつくるとか、家事の負担が一方だけにかからないよう対策を打っておくことも必要です。

ゴミひとつにしても、いつでもゴミ出しできるマンションのほうが家の中にゴミがたまりませんし、サーマルリサイクルに対応している自治体に住むと、ほとんどを燃えるゴミで出せるので分別もラクです。このようにゴミ出しから解放されたり、浴室乾燥機でいつでも洗濯物が乾かせたり、小さなストレスから解放されることが、幸せな結婚には欠かせないコツです。

27

恋愛・結婚編

家事の仕分けと効率化は結婚生活をハッピーにする。

結婚後も働くなら、掃除・洗濯・後片付けなどの家事・炊事含めて1日1～2時間が限界です。その時間内に収まるような設計が必要ですし、家事もビジネスと考えて効率化しないと結婚生活がつらくなります。

たとえば掃除機はコードレスにしてすぐ使えるようにする、食材は生協などの宅配を利用する、食器洗いは食洗機に任せるなど、効率化はいろいろ図れますよね。

家電にもお金をかけたほうがいいと思います。私は日中に洗濯ができないので浴室乾燥機を使っていますが、時間の節約ができるしパリッと乾いて重宝しています。掃除では自動掃除機の『ルンバ』が大活躍しています。『ルンバ』を使うには部屋が片付いていないといけないので、片付けが同時にできるのもメリットです。

パン焼き器も、材料を測ってポンポン入れるだけで自動的にパンが焼きあがるタイプのものを使っています。置き場所もすぐ使えるよう炊飯器の横です。小さな工夫とコツで家事時間はいくらでも短縮できますし、ストレスもたまりません。

毎日の生活が**ストレスレスなら心に余裕が生まれ、相手に優しくなれます**。自分もパートナーもハッピーでいられます。小さなストレス解消が幸せの相乗効果を生んで、もっと幸せになっていくことができるわけです。

子育てと家事と仕事に追われている様子に
外資系の同僚女性が「メイド雇えば？」。
その発想自体が当時の私には新鮮でした。
完璧主義の呪縛から逃れて
時間の管理を考え始めるようになりました。

勝間和代

私の２０代

３

お金で困らない
知恵と技術

出し入れが簡単なら
つい、引き出してしまう。
だから、『お金は銀行に預けるな』。

28

お金編

お金換算が好きになれば自然とお金が増えていく。

キレイでいるには、お金が必要です。そのお金を呼び込むには、お金を大好きになることが大事です。それでなくても、今どきの女子はみんなお金に淡白過ぎます。がめつい守銭奴になる必要はありませんが、**もう少しお金に執着しないと手元には残りません。**

私が言いたいのは、金銭換算の意識を普段からもつといいよということです。「これをやったとき、お金に換算するといくらぐらいになるのか？」という意識をもつことを習慣化して、費用対効果を考えるクセをつけるのです。

私は1500円の眉カットが大好きなのですが、自分でやって変な形にしてしまうよりは、それだけのお金を払ってプロに整えてもらったほうが気持ちがいいし、はるかに費用対効果が高いと思います。

やっていることの価値を常にお金に換算する習慣がつくと、無駄遣いも自然と減っていきますし、メリハリつけてお金を使うこともできるようになります。

カフェで紅茶を飲むときも、「400円はやっぱり高いな。コンビニで好きなフレーバーを選んで買って自分で淹れよう。1杯50円くらいですむし」と思えるようになります。お金とはそれぐらいシビアに付き合ったほうがいいのです。

29

お金編

貯金できない女子は財布に上限3000円。

気がつくとお給料を使いきり、貯金はとっくに底をつく。こうした〝貯金できない体質〟から抜け出す最初の一歩は、原因分析と節約です。もらう給与を何に使っているのかを見極めて、節約できるところを見つけていくわけです。

まずやるべきは、お小遣い帳でも家計簿でもいいから、何に使っているかを記録して、お金の流れを把握することです。レコーディングダイエットと同じで、**使ったものはとにかく片っ端からどこかに記録**していきます。現金をもつと知らぬ間に消えちゃうという人は、すべての明細が記録される電子マネーに変えるのも方法ですね。

クレジットカードも、使うのは月3万円までなど上限を決めて、その予算内で使うようにするといいと思います。クレジットカードも明細がきちんと記録されますし、今はオンラインでリアルタイムで確認できるので、使ったものや額をチェックするのに便利です。

節約ということでは、現金を持ち歩かないというのも効果があります。私は、真剣にお金を貯めようと決心したとき、お財布に3000円以上は入れないことにしていました。お財布にお金が入っていれば、どうしても使ってしまいます。入れるにしてもせいぜい1万円1枚程度に留めておきましょう。このやり方は結構お勧めです。

30

お金編

貯蓄ゼロなら「給料6か月分」までコツコツ貯める。

まったく貯蓄がないのであれば、給与の6か月分の額を最初の目標に設定して、コツコツ貯めていきましょう。

なぜ6か月分かには理由があります。もし転職するとしたら、求職期間中や転職先の研修期間中の生活費を考えないといけません。そうなると最低6か月分はあったほうが安全です。失業保険にしても、自己都合の場合、支給されるのは3か月後からなので、倍の6か月分ぐらいは貯めておくと安心なのです。

まずは収入の8割で暮らして、2割を貯蓄に回すことを心がけましょう。月の収入が20万円なら16万円を生活費にして、残り4万円を貯蓄に回すのです。給料の2割を貯蓄に回せば、2年半で6か月分を貯めることができます。

貯める商品は、銀行の定期預金がお勧めです。この場合、とにかく「貯める」ことが優先目標なので、投資ではなく貯金に全力投球しましょう。

その際のポイントは**給与振込口座からの「天引き」にしてしまう**こと。天引きなら、お金を別口座に移すなどの面倒くさいことをしなくても、知らぬ間に自動的に引き落とされていきます。残った給与をそのまま生活費として使えばいいわけですから、〝貯金できない体質〟の女子には最適の方法です。

31

お金編

稼ぐ仕事を考えるなら、狙うは「手に職」系。

収入の多寡は、本人の能力うんぬんの前に、そもそも職業で決まってしまいます。**職業選択で上限と下限が決まってしまう**ので、お金がほしかったら、20代のうちにまず真剣にやらなければいけないのが職業選択なのです。

ベストなのはやはり「手に職系」の仕事。ＩＴ系、料理系、ガテン系、美容系、看護師、通訳など、専門性を生かした「手に職」系の仕事にはいろいろあります。こうした職種の特徴は、実力次第で上に上がっていくことができる点です。

一匹狼型の営業に向いているなら、ＦＰの資格を取って、生命保険や損害保険の外交の仕事をするというのもあります。ほかにもＳＥの資格を取ってＩＴ企業で働く、ネイリストの勉強をして店長やエリアマネージャーになるといった働き方も。

ただし、儲かる仕事はつらくて大変です。実力次第で上に上がれるということは、実力がないと上がれないし収入もアップしないということですから。

専門性を身につけなければ収入は上がらないし、「手に職」系以外で高収入を狙うのであれば、大企業に入って総合職でキャリアアップを狙うしかありません。

ラクだけれど儲からない仕事を選ぶか、つらいけれど儲かる仕事を選ぶか。選択はこの二者択一しかないのです。

32

お金編

もはや男の収入だけに頼れない！

今は男性の雇用すら不安定になってきています。給与水準で600万円、700万円いかない男性が増えていますし、それ以上給料が上がらないどころか、下手をすれば結構な学歴、職位の男性でもリストラで失業し、派遣になるような時代です。そんなご時世に、夫の収入だけに頼る生活はリスキーだと思いませんか？

日本は住宅費も教育費もかかります。家を買えば多額なローンが必要になり、賃貸でいくにしてもファミリー仕様なら15万円超の家賃が必要です。夫ひとりの収入じゃ、子どもを大学まで行かそうとすると立ち行かなくなってしまうのは目に見えていますよね。自分は専業主婦になり、夫の収入で暮らしていくスタイルは無理なのです。

老後の年金も先行きは不安定です。この先の人生を考えれば自分の力でお金を貯めておかないと大変なことになってしまいます。女性に経済力がないと離婚したくてもできないし、子どもがいれば待っているのは離婚後の貧困です。じつは**日本のシングルマザーのうち、3分の2は貧困状況**にあるのです。

もはや男性の収入だけでは生活が成り立たない時代であることは、しっかり肝に銘じておくべきでしょう。「男の収入だけに頼っていては生活できない」は当たり前、「収入源と貯蓄は自前で用意」は当たり前なのです。

33

お金編

無料・安価な公共施設、おうちごはんでコストダウン。

お金を手元に残す最善策は、無駄遣いをしないことに尽きます。節約は、とにかく工夫に次ぐ工夫が大事なのです。家でできるものは家でする、公共の安いサービスを最大限活用するなど、工夫すればいくらでも節約ができます。お金を使うのは使った以上のものが返ってくるときだけにすればいいのです。

たとえば自分への投資にしても、公共の美術館・博物館や企業の施設を活用すれば、質のいい内容を安い料金で鑑賞できます。探せば無料の施設もいっぱいあるでしょう。**国の税金や企業の社会貢献費を使いまくって自己投資**すればいいのです。

外食も極力減らします。世の中の食べものは原価4割弱ですから、6割はお店の雰囲気やサービス、あとは人件費を食べているようなもの。外食するならコストパフォーマンスのいいところだけにして、あとはできるだけ〝おうちごはん〟にすれば外食費も半額ですみます。

〝おうちごはん〟もデリカテッセンを活用すれば、自炊するより食費が抑えられます。デパ地下のお惣菜は高いけれど、ちょっとしたスーパーのデリカなら種類も味も満足できるレベルです。デリカテッセンで買ってきたものをお皿に盛り直して並べれば、お金をかけずリッチな食事が楽しめます。

34

お金編

服の衝動買いは工夫と計画で減らしていける。

被服費も、工夫次第でいくらでもコストダウンができます。

洋服は衝動買いをしやすいもののナンバーワンですが、それを避けるには自分のワードローブをしっかり覚えておくようにします。ワードローブが頭に入っていたら、テイストに合っているかどうか、着回しできるかどうかがすぐに判断できます。「あ、コレかわいい！」で衝動買いして、失敗することもなくなりますよね。

あるいは行きつけのショップをつくっておいて、店員さんの勧めるものだけを買うというのも方法です。**店員さんを自分の専属のスタイリスト、コーディネーターにしてしまう**わけです。

買う枚数も決めて、計画的に買い物をするのもコツです。あらかじめほしいものを「ほしいものリスト」にしておくのもいいでしょう。そこにないものはほしいものではないのですから、衝動買いもなくなります。「あ、これもほしかった」というものはリストに追加していけばいいのです。

ファストファッション花盛りで、確かに一枚一枚の単価は驚くほどに下がってはいるものの、無駄買いをして、洋服ダンスをぱんぱんにすることのないようにしたいものです。

35

お金編

美容代、使っていいのは収入の5％まで。

女子の一番の出費といえば美容代ですが、この美容代にも無駄はいっぱいあります。たとえば私は、エステは基本的に無駄だと考えています。

美容代は、時給6000円のサービスまでに抑えるのが目安です。そう考えるとエステはコストオーバーとなります。フェイシャルで60分1万8000円としたら、時給1万8000円になってしまうわけですから。

美容院代、眉カット、メイク、すべてを含めてサービスにかけていいのは時給6000円まで。10分で計算して1000円か1500円というコスト換算です。それ以上のサービスは身分不相応と思えということです。

エステサロンに行くぐらいなら、マッサージ本を買って自宅でやったほうが安上がりですし、プロのサービスを受けたいなら、まずは自分でできる努力をしてから考えましょう。

月の美容代も上限を決めておくべきですね。美容代だけで収入の10%いってしまうのは、やはり使い過ぎ。好きに使っていい目安は収入の5%までです。月収20万円なら、美容代は1万円までが妥当です。

36

お金編

車は買うよりタクシー&レンタカー。

車を持たないことも無駄遣いを減らすには大事です。そもそも独身女性に車は不要です。必要ならタクシーやレンタカーを活用すればいいのです。

車体価格自体は安く抑えられても、車を持てば駐車場代、ガソリン代、ＥＴＣ利用料、車のローン、保険料に税金と出て行く出費は相当なものになります。たとえ中古の安い車を買ったとして、維持費は必ずかかりますし、しかもそれが継続して必要になるのです。

それを考えれば、**ひと月タクシーに乗りまくっても、タクシー代の総額のほうがまだ安い**ですし、遠出で使いたいなら親の車を使うか、レンタカー利用のほうが絶対的に安上がりです。

今のレンタカーは料金もリーズナブルで、ネットで手配しておけばお店のほうですべて用意してくれるので利用勝手も悪くありません。マイカーとレンタカーの支出総額はレンタカーのほうがはるかにおトクで、しかも行って乗るだけ、乗り捨てＯＫといったサービスもついています。

もろもろ考えればマイカーは究極の無駄遣いといえるのです。

37

お金編

マンションは買わない。金融資産で持つのが正解。

マンション購入も大きな無駄遣いです。じつは**私の人生最大の失敗も20代で家を買ったこと**でした。小規模マンションは割高にできていますし、家を持てば税金もめちゃめちゃかかります。20代の女性がもっている不動産の知識はたかが知れていますから、業者にだまされて悪質なマンションをつかまされる危険性もあります。

家は買うより賃貸でいくほうが賢明です。賃貸なら身の丈に合わせて広さを選べますし、利便性に合わせて住み替えるのも容易です。ローンの支払いに縛られなくてすむので、万一家賃が払えないような状況になっても、最悪友達の家に転がり込むことができます。

ローンの金利と固定資産税などの税金、それに修繕コストや何かあったときの修理費用、それらを全部合わせると出て行くお金は賃貸のほうが圧倒的に安くなります。資産という意識で不動産を持つぐらいなら、投資信託を買ったほうが利口なのです。ポートフォリオを考えていろいろな投資信託をやったほうが老後も安心ですし、お金さえあればどうにでも転べます。つまり「金融資産で持て」ということですね。

何よりも最大の資産が「手に職」です。手に職さえあればずっと働けますし、月20万円稼げる手に職系の仕事さえあれば一生お金の心配はありません。

38

お金編

お金を貸すなら縁切り覚悟。

お金を貯めたいなら、金銭の貸し借りはしないことも徹底しましょう。断れない事情があるときも、貸すならあげるぐらいの割り切り＋縁切り前提で貸すべきです。

電車賃程度ならいいですが、1万円以上の金額なら、この人と二度と縁がなくなっていい、縁が切れても仕方ないと腹を括《くく》って貸すぐらいの気持ちが必要です。もちろん男の夢に投資するなんていうのはもってのほか。

お金をせびる友人・恋人とはさっさと縁切りするのが賢いオンナのやり方です。そうでなければ自分のお金は貯まりません。

お金をたかる人というのは、一度では終わらないことが多いのです。人のお金を平気であてにできる性分の人ですから、必ず二度、三度とお金を借りに来ます。しかも返してくれる保証はありません。そんなことが重なれば、たかられどおしになって、がんばって稼いだお金がどんどん流れ出てしまいます。

借金の申し出は「友情や関係を壊したくないから」と毅然とした態度でお断りする。何回もしつこく頼まれたら、1万円のところを3万円渡してあげて、「これでサヨナラね」とキッパリ縁を切る。その覚悟をもちましょう。

39

お金編

貯蓄中級者は「預ける」より「殖やす」へシフト。

「生活費6か月分のお金を貯める」が目的の間は、銀行の定期預金を活用するのがお勧めですが、安心のためのお金が貯まった後は「預ける」より「殖《ふ》やす」の方向でお金と付き合っていくことも考えましょう。

そこでのお勧めは銀行より証券会社です。銀行の商品は定期預金であっても引き出しが容易なため、**何かあればつい解約して使ってしまう**というリスクがあります。その点、証券口座は預けるのは簡単でも、お金が引き出しにくい仕組みになっています。気軽には使いづらい部分が、かえって貯蓄する際のメリットになるのです。

先に、お金を貯めるなら収入の2割を貯蓄に回しましょうと言いましたが、投資のお金もこの2割の中から出します。月収20万円なら、2割の4万円が貯蓄用のお金ということですが、この4万円のうちの半分を投資に振り分けるとよいと思います。

証券会社と聞くと敷居が高いと感じてしまう人もいるかもしれませんが、今はネット証券会社もありますし、口座の開設はむずかしくも大変でもありません。また証券会社の扱う商品は、リスクの低いものでも銀行預金より金利が高めです。なので安心のためのお金が貯まったら、次は投資で殖やすことも考えていきましょう。

40

お金編

賢女は投資信託でしっかり殖やす。

投資で殖やすと聞くと多くの人は株を連想するのですが、投資の素人にやはり株は無理です。投資に慣れないうちは、私は債券や投資信託をお勧めします。

不安ならリスクの低い債券から買って投資に慣れていけばいいですし、国内外の株や債券を混ぜたバランス型投資信託を買うのもいいと思います。元本が減るリスクをとってリターンを狙うなら、株式の投資信託という選び方もあります。

もちろん、投資はどんな商品でも元本割れと背中合わせなので、2万円の元本が1万6000円になってしまうこともあります。そこでクヨクヨしちゃう人も少なくないのですが、もともと手元にあれば使ってなくなってしまったお金です。「1万6000円も残ってうれしい」と発想を変えればいいのです。運がよければ2万円が2万5000円になったりすることもあります。

ただし**投資信託のリターンは長いスパンで待ちましょう**。投信の利率は、大体年間4～6％程度です。経済成長率が今みたいにマイナスとなっているようなときは、リターンを取り戻すのに10年はかかります。つまり、最低でも10年は置いておくという考え方をもったほうがいいのです。あくまで将来のための貯蓄として投資信託を活用する。それが賢い人の貯蓄術です。

勝間和代

私の30代

1

戦略コンサルティング会社で
部下を持つ立場になり、
仕事にのめりこんだ結果、
1か月に1キロずつ、太っていって……。
服はもう、着られる服ならいいか、と
完全にオヤジ化してました。

仕事力をつける知恵と技術

会社で出世するには
実力と別のものさしで測られるときがある。
キレイはここでも有効。

41

仕事編

長時間労働は女子を急速にオヤジ化させてしまう。

20代のうちは、仕事でもまだまだ発展途上で、できることも限られます。でも30歳前ぐらいになると仕事のスキルがついて、できることも増えていきます。そこで起こりやすいのが仕事の抱え込みです。

仕事がだんだんできるようになると、「この仕事は私じゃなくちゃ」みたいな妙な使命感が出てきて、あれもこれもと引き受けてワーカホリックになっていき、ストレスまみれになっていくというのが、20代後半から陥りやすいピンチです。

私もそうでした。30代に入る頃から仕事量が増え、要領も悪かったために仕事を抱え込み過ぎてしまったのです。本当に必要な仕事だけ受ければよかったのに、あれもこれもと手を出して長時間労働が続き、あげくにストレス解消で深酒とタバコにはまりと悪循環でした。当時は完全に長時間労働のオヤジ化していました。

この経験から学んだのは、何をして、何をしないかを見極めることがストレスをためずに楽しく仕事をこなすコツということです。

オヤジ流のモーレツな働き方は心身によくありません。ある程度仕事ができるようになり、仕事の量が増えてきたら、どこまでやり、どこまでしないかを自分で見極めることが大切です。その訓練も意識して積んでいくようにするとよいと思います。

42

仕事編

「キレイ」が、職場の人間関係をよくする。

職場の人間関係の悩みで最も多いのが上司との関係です。上司とうまくいかない、上司に認めてもらえないなど、上司との関係に悩んだら、まずは状況を客観視してみることです。

大多数の人はうまくいっているが自分だけどうもダメらしいというなら、自分の側に問題がある可能性があります。上司とうまくいっているタイプとそうでないタイプを分け、自分はどちらに近いかを考えてみて、自分と似たタイプが全員上司と「?」なら相性の問題です。これらが原因なら自分が変わることで状況も変わります。

要は「上司と自分」のように1対1で考えてしまわず、周りとの関係性まで含めて、**上司側に問題があるのか、自分のほうに問題があるのかを見極める**わけです。

上司の周りにいる全員が、その上司とうまくいかないなら明らかに上司の問題です。その場合、自分から状況を変えるのはむずかしいので、どうしてもダメなら転職を選択してもよいと思います。

また、少しメイクを変える、服を変えるなどしてキレイになってみるのも状況改善のひとつの方法です。キレイになると周りの評価が変わることがあるので、上司との関係が好転する可能性があります。

43

仕事編

能力と仕事だけで「何とかなる」は大間違い。

女性はとくに「能力があって仕事さえできれば評価される」と思ってしまいがちですが、それは大きな間違いで、能力だけでは評価につながりません。

能力と仕事の評価は8割が周りの目で決まります。要は周りのメンバーが自分を認めてくれているかどうかでその人の価値が決まるわけです。ですから**ゴマすりや根回しのようなことも、じつはとっても重要**なのです。

「そんなのフェアじゃない」と嫌ったり、根回しが苦手な人が女性には多いのですが、自分の実力が関係しないところでがんばるほど、周りの評価が高くなっていくというのが会社の掟です。

私も若い頃、「自分は仕事ができる」とばかりにバリバリやっていたところ、男性の先輩からめちゃくちゃ嫌われて嫌がらせをされたり、足を引っ張られた経験があります。「能力があって仕事さえできれば」という価値観でいると、こうしたイタイことにもなりかねないのです。

ゴマすりや根回しというと聞こえは悪いのですが、能力以前にもっと大事なのが、いかに人を自分の味方につけていくかです。評価を上げていきたいなら、そこはしっかり理解しておくほうがいいでしょう。

44

仕事編

自分を引き立ててくれるパトロンを探せ！

仕事で認められるためには、目上の庇護者と仲間探しもしておいたほうがいいですね。評価してもらうには、周りの上司や仲間がすごいと言ってくれることがポイントです。なので、自分の能力を理解して引き立ててくれるパトロンを社内でたくさん見つけて、よい評判をつくっていく努力はしたほうがいいのです。

この部署でこの仕事をやっていきたいと思っていても、周りから足を引っ張られるような環境の中ではやっていけません。もし、そのような状況になったとき、庇護してくれる上司や同僚がいれば何とかなります。

私も男性の先輩社員から嫌がらせなどの攻撃を受けたとき、**「庇護してくれる人を見つけないとダメになる」**と思って、社内でもできると評判の上司のところに潜り込みました。

もちろん相手も評判のいい人であることは大事な条件です。評判が悪く嫌われている人だと、自分も嫌われてしまいますから。

女性が会社で上手に上に上がっていくには、男性でも女性でも、できる上司を見つけてその懐《ふところ》に潜り込んでしまうのが賢い方法です。他部署の上司なら思い切って異動してしまうのもいいと思います。

45

仕事編

得意分野があれば仕事は格段におもしろい。

仕事のスキルを上げたいとか、おもしろい仕事をしたいと望むなら、まずひとつは仕事を教えてもらえる環境に自分を置くことが大事です。もうひとつは自分の得意分野が活かせるようなところに所属することです。

仕事はどんな人も、何もできないところから始まります。ですから、しっかりと教えてもらうことができて、なおかつそれが得意分野であれば、仕事でどんどん力を伸ばしていくことができるわけです。

得意分野を活かすには、得意分野の把握が必要になります。これは若いうちに早くからしておいたほうがいいですね。得意なこととは、寝食忘れて没頭できるくらい楽しく、やっていて苦にならないこと、なおかつ人よりもどうもうまいらしいというもの。天職が見つからない、やりたい仕事がわからないと言う人もいますが、**得意分野を見つけてコツコツやっていれば、それが天職**になります。

それでも何をやってもつまらない、何をやっていいかわからない人は、とりあえず何かしら数値目標をもつことです。年収600万円を目指すでも、自分の時間の5〜10%をボランティア活動に使ってみるでもいいのです。いろいろなことを試してみて、自分がどのように感じるか、どこで幸せの軸が振れるかを考えてみましょう。

46

仕事編

やらざるを得ない環境に自分を追い込んでみる。

何かひとつでも身につけたい、仕事の力をアップさせていきたいときは、〝それをやらざるを得ない環境〟に自分を置いてしまうのも方法です。

たとえば**未経験のプロジェクトに「ハイ」と手を挙げてしまう**、まだ実力は足りないけれど少しレベルの高い仕事を引き受けてみる、リポート提出が義務になっている社内英語教室やスキル教室に参加してみるなどです。

英語なら、海外に行ってあまりの言葉の通じなさに落ち込むというのも手です。「英語ができるようにならなきゃ」と痛感することで、モチベーションにつながりますよね。また英語は確たる目的がないと勉強を続けるのがむずかしいので、外国人の友達や恋人をつくるとか、公用語が英語の会社に転職してみるとか、英語でコミュニケーションを取らざるを得ない環境に自分を置いてしまうのも早道です。

他に私が女性にお勧めしているのは、いっそのこと管理職を目指すというものです。やる気を見せれば会社も仕事をどんどん振ってくれますから、場数を踏むうちに力もつき、なおかつ出世もできます。一石二鳥な方法なのです。

47

仕事編

会社の資源は目一杯利用する。

仕事で力をつけていくコツは、高めの目標設定を置いて、なおかつ会社やチームが補助してくれる環境に身を置くということです。目標は、高過ぎると途中で疲れて息切れしてしまうので、そこそこ高めで設定しておきます。またすべて自力でやろうとするのも疲れるので、周りの力を有効に使うのがポイントです。

さらに一番のポイントが、会社を目一杯利用しちゃおうということ。会社はお給料をくれるところと思いがちですが、**給料だけでなくスキルやチャンスをくれるところ**でもあるのです。会社の活用価値は、まさにここにあります。

スキルを身につけたり資格を取るにしても、個人でやろうと思ったら全額持ち出しになります。独立してからとなると、収入が確保できない状態で、お金だけかかるといった事態にもなります。

それよりは、お給料をもらいながら会社の制度や講習会などを使って、いろいろ身につけてしまったほうがおトクです。少し高めに目標を設定して、会社のいろいろな制度を使いまくるわけです。

そもそもお給料は稼ぎ高の5分の1しかもらえません。会社に搾取されている分のほうが多いのですから、搾取分を取り戻す感覚で賢く会社を活用しましょう。

48

仕事編

仕事は「引き受け過ぎない、断り過ぎない」。

仕事で不要なストレスをためない秘訣は、ずばり「なんでもかんでも引き受け過ぎない、なんでもかんでも断り過ぎない」ことです。それにはアサーティブなコミュニケーションを身につけるとよいと思います。

アサーティブなコミュニケーションとは、**互いに率直、対等、誠実、自己責任で生かし合えるコミュニケーションスキル**で、これができると過剰な仕事でストレスをためることも、人間関係で悩むことも減っていきます。

たとえば外せない用事があるときに残業を頼まれたとしましょう。その際、用事があることをきちんと説明して理解してもらうことができればストレスにはなりません。

もし残業のほうが重要であれば、家に持ち帰れる仕事なのか、明朝でも間に合うのか、他の人に頼むことはできないか、最終的に上司自身にやってもらうことはできないかなど、あらゆる選択肢を考え、提案し、お互いにとってベストな選択を行えば困った状況はスムーズに解決します。

こうした、相手も自分もともに活かすようなコミュニケーションスキルを早めに身につけ、クセにしていくのも大切なことです。アサーティブ・コミュニケーションについては本もいろいろ出ていますので、ぜひ読んでみることをお勧めします。

49

仕事編

誰にでもミスはある。大事なのは繰り返さないこと。

仕事では100％の成功はあり得ません。だからミスや失敗をしても、自分をひどく責めることはないのです。ミスした仕事にしても、ある程度の失敗が想定される中で上司から任されたのであれば、自分が一手に責任を負うべきことはありませんし、失敗を防ぐにはどうすればよかったのかを考え直すほうが建設的です。

私も「おかしいな。もう少しうまくいくはずだったのになあ」ということがいっぱいあります。ポカは誰にもつきものですし、ポカしたことをクヨクヨ悩むより、「たまにはポカもやるよね」と捉えて、何で間違えたかだけを考えるようにしています。

失敗したら次には同じ失敗をしないようにすればいいだけです。会社に損をさせたら、大事なのは損させた理由とプロセスを考えて、同じ轍《てつ》を踏まないようにスキルアップすること。その後、同じような仕事が来たら「大丈夫」と思えば引き受ければいいし、まだ高い確率で失敗するなと思えば避ければいいのです。頼まれごとは**「51％成功しそうだと思ったらやってみろ」**と言われているぐらいなのですから。

失敗しそうなときは気配もあります。気配を感じたら「ごめんなさい。できません」と上手に断ってしまえばよいのです。そもそも〝失敗し続ける〟人なんて、そうはいません。落ち込まず、ミスや失敗はスキルを伸ばす踏み台にしていきましょう。

50

仕事編

おひとりさま増加や派遣切り、そんな時代のサバイバル。

自由に自分の人生を生きていくには、やっぱり経済力が必要です。結婚して家庭をもつにしても、おひとりさまで老後を暮らしていくにしても、仕事の収入があって経済力があればどうにでも転べますよね。

その仕事も、一般事務でいるより、スキルや資格があるほど安心です。たとえば結婚・出産を考えて派遣のスタイルを選ぶ女性も少なくありませんが、一般事務の派遣でずっと働き続けるというのは、この先ますます厳しくなっていきます。

派遣でいくにも、通訳ができるとかエクセル使いが天下一品とか、他より秀でた技能、フリーランスでも食べていけるぐらいの力がないとむずかしいでしょう。**50歳になっても時給3500円程度はもらえるスキル**がないと将来は厳しいのです。

そもそも日本では正社員の解雇は最後になるので、会社の業績がよくなければアルバイトやパートや派遣社員が真っ先に切られていきます。切られた後の職探しも、特殊なスキルをもっているほうが有利であることは事実です。

派遣から正社員になるのは、もっと狭き門です。派遣が不安で正社員を目指すのであれば、資格を取るなどしてスキルと能力を高めていくしかありません。最後に笑うのはやはり、早いうちから計画的にスキルを身につけた人なのです。

51

仕事編

スキルアップは一日にして成らず。

スキルアップや習得には時間がかかります。人間の脳というのは、正しいモノを覚えていくのではなく、間違ったモノを「これは間違い」と消去して正しいフォームに直していくようにできているので、仕事のスキルを上げるにしても、何かをモノにしていくにしても、正しくできるようになるまでに、どうしても時間がかかってしまうのです。

たとえばスキーの上達にはイライラするほど時間がかかりますよね。仕事のスキルアップも、英語の習得も、それと同じくらいのノロノロしたスピードでしか進んでいかないものなのです。

すぐに結果が出ないと途中でイヤになって続かなくなってしまいますが、それを避けるには、とにかくやっていて楽しめる方法で続けるのがコツです。英語であれば、好きな映画を観る、好きなオーディオブックを聴く、英語字幕が出るＤＶＤでヒアリングするなどの工夫があるといいですね。

どんなことも、できるようになるまでには2年、**しっかり身につけようと思えば5～10年**はかかりますし、時間がかかるものは、好きなこと、やっていて楽しいことしか続きません。そういうものと思い、焦らず気長に取り組んでいきましょう。

52

仕事編

現状維持に未来はなし。

現状に不満があるときは、何らかの行動を起こさない限り解決はできません。仕事や職場の不満解消をしたい場合、起こすべき行動は異動を願い出る、転職を決意する、死ぬ気になってその仕事のスキルを磨くかのいずれかです。基本的に、この3つの中で選ぶしかないのです。

一番いけないのは現状維持に甘んじることです。すでに現状がよくないのですから、そのままでいればどこまでいってもそのままで、改善の見込みはありません。精神衛生上も問題だし、なんのキャリア設計にもつながりません。

たとえばルーティンワークばかりでつまらないという不満があるなら、それ以外の仕事がしたいと上司に願い出て意思表示する、あるいは自ら工夫してルーティンワークの仕事自体をおもしろくするなどの行動をとるべきなのです。それでもダメだったら転職して抜け出す道を選べばよいのです。

転職するにしても、先に資格を取るか学校に行くかして力をつけておくほうが有利なのは自明の理です。そうした試みの中で将来も見通せてくることもあるでしょう。

結局、**現状を変えるには行動ありき**です。行動を起こさなければ何も変わってはいかないのです。

53

仕事編

新職場が決まるまで、今の会社は辞めない。

転職して収入が落ちてしまったり、転職先の会社が思わぬダメ会社だったなど、転職を失敗で終わらせないための秘訣は、今の職場を辞めないまま転職活動をするということです。なぜなら失敗に終わる原因の多くが、会社を辞めてから転職先を探し始めることにあるからです。

退職して転職活動を始めたけれど、なかなかいい会社が見つからなくて焦り始める。そして多少給与が下がっても、採用してくれそうな会社に飛びついて、その結果収入が下がってしまう。これが転職失敗パターンの典型です。

それを避けるには、今の職場を辞めずに生活の保障を確保したまま、いろいろな転職先の情報を集め、比較検討しながら準備を進めていくのが一番です。何事もそうですが**ゼロイチで物事を考えず、いろいろな選択肢を用意しておく**ほうがいいのです。

今は土日や夕方以降に面接を設定してくれる会社も増えていますから、面接をどんどん受けて、いろいろな会社を比較し、条件がよくて自分と相性のよい会社を見極めていくといいですね。

また転職をより有利に進めるためにも、辞めるつもりであったとしても現在の職の中でスキルと能力を高めていくことを忘れないようにしましょう。

勝間和代

私の30代

2

仕事を抱え込み過ぎて、
心身がパンクしました。
めまいがしたり、
「死にたい」と考えたり。
「自分さえ正しければ、
問題は解決するはず」とは
ただの思い込みに過ぎなくて、
打開には知恵と技術が必要だと、
今ならわかります。

ピンチをクリアする
知恵と技術

時間と能力をどこに使い、どこに使わないか。
それが自分で決められるようになる。

54

ピンチ編

お上や会社をあてにしない、何かのせいにしない。

今は未曾有《みぞう》の不況で、お給料が下がったり、先行きや将来が不安になったり、嘆きたくなったりグチを言いたくなるようなことがいっぱいあるかもしれません。でもつらい環境を何かのせいにしても、何も状況は変わっていきませんよね。

政府や会社にいくら文句を言ってもどうにもならないし、会社にしても政治家にしても、選んだのは結局私たちです。

自分自身を振り返らないで、「会社が私のために何もしてくれない」「自分が不幸なのは政治が悪いから」と何かのせいにしていては、到底幸せにはなれません。

自分でできることは自分でがんばって、何でもできるのが自由競争社会のよさです。だから、お上が決めてくれるとか、会社が何とかしてくれるではなくて、**自分が自立していくことを考えたほうが道は早く開けます**。

周りから不安材料が入ってきて心配なら、資格を取ったりスキルをつけたり、手に職系の仕事に鞍替えするなど、まずは自分のセーフティネットをつくりましょう。

これだけで自分は食いつなげるというものがあれば、先は何とかなります。何かにしがみついたり、何かのせいにするより、自立して自分の足で歩けるようになっていくほうが最後は強いのです。

55

ピンチ編

落ち込んだときは
とことん底まで落ちてみる。

ピンチは、どんな人にもやってきます。前もって「来そうだな」とわかるピンチもありますし、まったく予期せぬ形で訪れるものもあります。どちらにしてもピンチになってしまったら、問題と向き合って解決策を考え抜いていくしかありません。

でも、それでもどうしようもない場合があります。そうなったらジタバタしないで、落ち込むがままに落ち込んでいくのも、ピンチと付き合う秘訣のひとつです。

無理に「何とかしなきゃ」「この状態から脱しなきゃ」とあがけばあがくほど疲れてしまうので、落ちるときは底までとことん落ちてみるのも手です。

落ち込んでいって底つきを待ち、その間、ひたすら寝るとか、ゲーム三昧するとか、引きこもってみるとかしながら、「もう少しやってみようかなあ」という気持ちになるのを待つ。一回底つきしたら、人に話をしてみる、本屋に行って参考になりそうな本を探す、ウェブでヒントになりそうなものを検索する。そんなふうにして、少しずつ解決に向けての行動を起こしていきましょう。

私も20代の頃は、マンガを山のように積んで、ひたすら読みふけることで底つきを待つことがよくありました。**落ち込んでいるときはがんばれません**。だから「いつか何とかなる」ぐらいの気持ちで、できることをしていけばいいのです。

56

ピンチ編

20代の経験が30代の危機対応能力を養う。

能力以上に根回しが大事という会社の掟を知らなかったため、20代前半の私は、「能力があって仕事さえできれば文句は言われない」と思い込んで、そのように振る舞い、男性の先輩社員や直属の上司からのパワーハラスメントにあいました。

わざとへんな指示を出されて足を引っ張られたり、人事に提出する書類に低い評価を書かれたり、理不尽な思いもいっぱいしました。当時は、会社のお偉いさんに直訴するなどの力技しか使えませんでしたが、入社してすぐの**20代前半でそういう体験をたくさんしたのは、かえってよかった**と思います。

パワハラ的扱いに慣れることができたし、どうしたらいいかも考えるようになったし、おかげで今は、何か問題が生じる前に相手の気持ちを考慮しケアして、予防的に動くことができます。うまくいかないことがあっても力技で解決するのではなく、「時期が来れば、まあ何とかなるだろう」と考えて、柔らかい対応ができています。

20代の間に経験したいろいろなピンチは、その後の危機対応能力が磨かれたり、人との関係に生かされたり、30代以降に何かしらのオマケつきで返ってくるものです。若いうちのピンチや失敗は、30代以降の自分を育てるための訓練であると、見方を変えてしまえばいいと思います。

57

ピンチ編

ピンチはチャンスの種となる。

ピンチを経験すると、順調に進んでいるときにはわからなかったことが見えてきます。なのでピンチは、「これをどうにかしなさい」というメッセージと捉えましょう。うまくいっているときは変えられないことを変えられるチャンスになりますし、落ち込むと「どうにかしなければ」と追い込まれるのでモチベーションも上がります。

私が本を書くようになったのも、じつは大きなピンチが引き金です。会社を辞めて投資会社を立ち上げたはいいものの、ファンド資金が集まらず、半年後には会社を閉じるしかない事態に追い込まれて、状況打開の足しになればと書いたのが『年収10倍アップ勉強法』（ディスカヴァー・トゥエンティワン刊）でした。これが思わぬヒットとなったことで今に至っています。

ピンチが来ると自分が追い込まれて、とかくネガティブに考えてしまいます。でもピンチがじつはチャンスの種ということが意外とたくさんあるのです。

何がピンチかも、後になってみないとわかりません。転機となった出来事が、じつはちょっとしたピンチのおかげだったなんてこともあります。ですから、あまりピンチをネガティブに考えないようにしましょう。それまでのやり方を見直し、環境を変えるチャンスと考えればいいのです。

58

ピンチ編

ダメなら誰かに泣きつく。

20代の間は、失敗や危機的状況に陥ったときの解決能力もたかが知れています。事前に予防したり、うまく対処していけるようになるには経験値を積むしかないのですから、経験がないうちは解決できるものに限度があるのも当然です。

目の前に横たわる問題と向き合って、どうしたらよいかを一所懸命考えてみることは絶対必要ですが、自分で解決できなかったら他人に解決を頼むしかありません。

私も20代初めの頃、乳飲み子の長女と夫婦2人、夫の手取り給与20万円強で生活せざるを得なくなった時期があります。本当に生活が大変で「働かなきゃ暮らしていけない」と思い、とった行動が人に泣きつくでした。大学のゼミの教授に泣きついてアーサー・アンダーセンを紹介してもらったのです。26歳でトレーダーの仕事をしていたときは、会社に大損させる失敗をして2か月間のトレード停止を申し渡されました。このときも先輩トレーダーに相談し、解決策を一緒に考えてもらいました。

とにかく困った状況が起こったら、何よりひとりで抱え込まないことです。とりあえず解決策を考えてみて、**ダメなら人に聞く、相談する、泣きつく**。20代はそれでいいと思います。そうやってピンチを乗り越えていくことも、経験値を積んでいくことになるのです。

59

ピンチ編

問題はいったんテーブル上に。

危機にどう対処したらよいかの本を読むと、どの本にも書いてあるのが「問題とは向き合え」です。そのとおりで、問題は本人が「解決必要な問題」と認めて向き合うまでは解決しません。向き合わずに逃げていても何も変わらないばかりか、どんどん問題が悪化していくといった困った状況になるだけです。

20代の頃の私はヘタレだったので、ピンチや危機があると家に引きこもり、頭から**布団をかぶって一日中寝るなど、ひたすら問題から逃げていました。**でも、「このままじゃまずいよね」と思うようになり、解を求めて何冊も本を読み、「引きこもっていても解決しない、向き合わないとなあ」と腹を括ったのです。

そのときにとった方法が、困って解決しなくてはいけないことを頭の中のテーブルに乗っけてみるというものでした。テーブルに置いて客観的に眺め、それが問題であることをあらためて自覚し、何が問題でどこをどうすればよいのかを見つけていくことにしたのです。具体的な解決は本に求めたり、人に聞いたり、ウェブで検索したりして探しました。今も、このやり方は変わりません。

見ない振り、ない振りをしても、問題が消えてなくなるわけではありませんよね。それなら一回ドンとテーブルの上に置いて、向き合ってみるのも必要だと思います。

60

ピンチ編

敵との和解を図るより、距離を置くほうが得策。

他人の中で仕事をしていく以上、人間関係のピンチはつきものです。とくに自分を快く思っていない人や敵視するような人がいると、会社に行くこと自体がつらいし、きついですよね。

こういうことをする人たちには、何か気に入らない理由があるのだと思います。私を気に入らなかった先輩社員や上司も、結局は当時の社内で数の少なかった有資格者の私が、作業指示を出したりすることが疎ましく、目障りで仕方なかったのでしょう。実務にも少なからず影響があったので、周りの他の人も大変だったと思うし、当然私も嫌な思いをいっぱい味わいました。

事情はどうあれ、いろいろな人間が集まる場所では、残念ながらこうしたイジメや排除は起こり得るものです。何が気に入らないのか理由を探って関係改善を図るのも方法ですが、それをするには多くのエネルギーが必要ですし、**こっちが気を使ってもダメな人はダメ**なのです。

そんなことにエネルギーをかけるぐらいなら、その分を仕事に向けたほうが自分のためですよね。そのためにも敵視している人たちの中には入らない、近づかない、そうやって予防するのが一番です。

61

ピンチ編

利害関係のない友達に落ち込んだときは話してみる。

落ち込んでいるときは、ただ話をするだけで整理がついていくことがあります。理想は自分で紙に書いて整理できることですが、学生時代の友人や趣味の友人など、仕事の利害関係がない友達に、「こんなことがあって」と相談兼グチみたいに話をするのもいいと思います。

言葉にするだけで「こんなことに悩んでいたのか」が見えてきますし、価値観を押し付けず話をきちんと聞いてくれて、中身を整理してくれる人が相手だと、大方の問題は解消されます。

ただ、アドバイスしてくる人にはご用心です。間違ったアドバイスをする人はたくさんいますし、人からのアドバイスの半分は間違っているものと思っておくほうがいいと思います。

「アドバイスはいらないから話だけ聞いて」とあらかじめ断っておくか、それでもアドバイスされたら、**受け入れるかスルーするかを判断していく**ようにしましょう。これまで間違ったアドバイスの多かった人なら、逆をやってみるという裏技もあります。

いずれにしても受け入れるなら、受け入れたのは自分の責任なので、結果がよくなくても相手を恨まないことは大切です。

62

ピンチ編

経験値が上がれば予防もできる。

私が運動とリフレッシュを兼ねてやっているスカッシュというスポーツで、トレーナーからよく言われることがあります。「ラケットを振ったあと、**ボールがどこに飛んでいくかをよく覚えておいてね**」というものです。

うまく返せなかったとき、振り方が悪かったのか、距離のつかみ方が悪かったのか、どこでどう間違えたのかなど、失敗の原因がわかれば修復できて軌道修正ができます。それを重ねていくうちに、こうすると失敗するということもわかるようになり、結果的に上達につながっていくのです。

失敗やピンチも同じように、経験することで経験値が積み重なって、「あ、この感じヤバイかも」「この人は危ないかも」と事前に予防できるようになります。同じようなことが起こったときも、経験を生かしてうまく対処できるようになります。

私たちの脳は、うまくいかないことを消去して、うまくいくことだけを残す方法で物事を覚えていきます。じゃんけんで5回勝とうと思ったときも、5回勝負で5回勝つより、30回勝負で5回勝つほうが簡単です。

つまり失敗の回数をたくさん重ねたほうが結果もよくなりやすいし、うまくいかないことをたくさん学ぶためには、たくさん失敗をしたほうがいいのです。

63

ピンチ編

短所と長所は捉え方次第。

私はとにかくいろいろなものを持っていないと不安で、予備のコードも何本も持ち歩いています。ないと不安だからですが、「自分は不安症」と思うのもつまらないので「自分は用意周到な性格」と置き換えて捉えるようにしています。

そもそも欠点は直せません。直せないのだから、見せ方を変えてしまえばよいのです。欠点と長所は裏返しの関係です。**せっかちな人は、裏返せば決断力があって行動力もある**ということになるし、口が悪いは率直な意見を言う人、相手の顔色をうかがう人は人に気を使い、気持ちがわかる人です。

短所と長所は裏表であることを理解しておけば、自分の短所ばかり見てクヨクヨしていくことも減っていきます。他人からのマイナス評価も置き換えてしまえば不必要にへこみません。欠点を指摘されたら、直そうとするのではなく「これは長所で補えないのかな」と考えてみればいいのです。補えそうもなかったら、人を頼って補うようにすればいいのです。

反対に長所も、そのよさは認めつつ、長所の裏返しにある短所を考えていけば、自分の行動や性格から起こり得る失敗を防ぐことができますよね。短所と長所はこうしてセットで考えていったほうが有益だし、落ち込むこともありません。

ダイエットのこと

キレイになるために避けて通れないのがダイエットです。私もこれまで健康的に痩せるを目標に、ダイエットを試みてきました。私の身長から割り出すと、理想のベスト数値はＢＭＩ21。でも、これがなかなか届きそうで届かないのです。09年の春頃から10kgダウンを目指してダイエットに意識を向け、おかげでそれまで入らなかったＭサイズが何とか着られるようにはなりました。ところがその後、仕事でスリランカに行って、現地のおいしいカレーをたくさん食べてしまったことで怪しい雲行きに……。

仕事仲間からも「ちょっとヤバイんじゃないですか」と言われ、自分でも「これはいかん」と焦り出し、ダイエット作戦をリスタートさせました。

まず気をつけたのが食事です。外食の食事量は男性に合わせてあるので、女性の1日分のカロリーが1回の外食でとれてしまいます。それで朝をしっかり食べれば、それだけでカロリーオーバー。朝食は食べないと脂肪が燃えにくいので、野菜や果物など軽いものをとる程度にして、1回の食事量を減らすと同時に、間食厳禁にしました。

また、現在の自分の姿と、自分が理想とする人の姿を並べておいて、ことあるごとに見比べるイメージダイエット（？）を導入。脳内の潜在意識に「痩せて、この人のようになる」というイメージを植え込んでしまおうという作戦です。

同じような感覚で、洋服もウェストにベルトをするスタイルを増やしました。これはあるスタイリストさんからのアドバイスで、「ウェストにポイントを置くことでかえって体型が太って見えない」ということ、「ベルトをすることでお腹周りに意識が集まり、お腹が緩まない」ということを教えてもらったからです。

また脂肪燃焼は基礎代謝と関係してくるので、ダイエットするなら基礎代謝を上げるために運動が必須です。ここは従来どおり、自転車活用やジム通い、スポーツなどを続けています。

こうしてゆっくりながら、少しずつ体重を落としています。

女性の場合、ダイエットの目的は「単に痩せること」だけに偏ってしまいがちです。

たしかに体型がどんなかは、メイクやファッションと同様にコミュニケーションと関係していて、醜くない体型のほうが周りの扱いは親切です。それにかわいい服を着ようと思えば、どうしてもSサイズかMサイズになるので、太っているとファッションの幅も広がりません。何より、太っていると内臓に負担がかかり、足と腰も痛めて健康に影響が出ます。

だからといって美容面からだけアプローチすると、今度は痩せ過ぎてしまうという別の問題が出てきます。20代でダイエットにがんばり過ぎ、痩せ過ぎてしまうと婦人科系の不調や病気のリスクが高くなり、妊娠・出産にも影響が出ます。

それを考えれば、ダイエットするにしても痩せ過ぎないこと、健康的に痩せることは大事にしてほしいと思うのです。ダイエットは、単なる見かけの問題にするのではなく、相手に不快を与えない程度に痩せること、健康と抱き合わせで考えることを大切にしていくほうがいいのです。

20代ならBMIで21がベストです。ぎりぎり痩せて20まで。それ以下は危険水域です。まずはBMI21を目標に設定して、無理せずダイエットを成功させていきましょう。私もゆっくりペースで、目標を達成していこうと思います。

カバー

トップス、スカート（共にエスカーダ・ジャパン　TEL 03・5786・6860）
パンプス（Pinky & Dianne／銀座ワシントン銀座本店　TEL 03・5442・6162）
ネックレス、ピアス（共に Yoko Tomo／タナカパール　TEL 03・3831・2854）
パールリング（フィオレット／三原真珠　TEL 03・3835・8702）
パールブレスレット（Perlagione／LA PERLE D'ORRIENT　TEL 078・291・5088）
ブルーブレスレット、ブルーリング（共に imac／imac　TEL 03・3409・8271）
（★）

口絵

ボーダーシャツ（ナラ カミーチェ／ナラ カミーチェ青山本店　TEL 03・3479・8954）
パンツ（wb／ビギ　TEL 03・5449・1798）
アクセサリー（グランプレール　TEL 03・3349・5782）
ベルト（YUKI TORII　TEL 03・3455・3401）
シューズ（プールサイド／プールサイド新宿三越　TEL 03・3341・8188）
（★）

グリーンシャツ（BURBERRY／バーバリー C.R. 室　TEL 0120・340・654）
ネックレス、ピアス、リング（以上4℃／F.D.C.PRODUCTS INC.　TEL 03・5719・3266）
（★）

黒ブラウス、パンツ、シューズ（以上 PINKO／ピー・エム・ジェイ　TEL 03・5468・2018）
ネックレス（yoshie inaba　TEL 03・5449・1714）
（☆）

キャミソールドレス付きシルクワンピース、4連ネックレス（共に yoshie inaba　TEL 03・5449・1714）
（☆）

写真／天日恵美子（マガジンハウス）
ヘア&メイク／金坂悦子
スタイリスト／鬼塚美代子／Ａｎｇｅ（★印）、鞠子恵（☆印）

勝間和代

かつま・かずよ

1968年、東京都生まれ。経済評論家、公認会計士。慶応大学商学部卒業、早稲田大学ファイナンスMBA、中央大学ビジネススクール客員教授。19歳で会計士補の資格を取得（当時最年少）、大学在学中から監査法人に勤める。アーサー・アンダーセン、マッキンゼー、JPモルガンでキャリアを積み、独立。2005年、ウォール・ストリート・ジャーナルから、「世界の最も注目すべき女性50人」に選出。3女の母であり、2008年ベストマザー賞受賞。2009年世界経済フォーラム（ダボス会議）Young Global Leadersに選出。男女共同参画会議議員など、政府に提言する機会も多い。2009年11月、菅直人副総理・国家戦略担当相がエコノミストから意見を聞く『マーケット・アイ・ミーティング』にて、「まず、デフレを止めよう」のプレゼンテーションを行いインターネット、一般社会の両方を巻き込んでの大きな論争の発端となった。

公式ブログ『私的なことがらを記録しよう!!』

http://kazuyomugi.cocolog-nifty.com/

結局《けっきょく》、女《おんな》はキレイが勝《か》ち。

2009年12月17日　第1刷発行
2010年　2月18日　第6刷発行

著者　勝間和代

発行者　石﨑　孟

発行所　株式会社マガジンハウス
〒104-8003　東京都中央区銀座3－13－10
電話　書籍編集部　03-3545-7030
受注センター　049-275-1811

装丁　星子卓也（FRONTNINE）

印刷、製本　大日本印刷株式会社

ISBN978-4-8387-2056-9 C0095

マガジンハウス ウェブサイト
http://magazineworld.jp/

大好評発売中

勝間和代40年の集大成！

勝間初心者のための最良ガイド。

勝間本ブックガイド／槇村さとるとの自立系女子対談／
女子東大生に講義／成功を呼ぶ7つの法則ふせん＆シール

A4判　96ページ　1575円（税込）